AF366903

BANQUES DURABLES

Comment les Banques de Détail Transforment le Secteur Financier pour un Avenir Écologique

REMERCIEMENTS

Je tiens à exprimer ma profonde gratitude à toutes les personnes qui ont contribué à l'élaboration de cet ouvrage. Tout d'abord, je remercie chaleureusement Mme Emmanuelle Guedj, directrice de ma thèse professionnelle, pour son encadrement bienveillant, sa disponibilité constante et ses conseils avisés. Son expertise et son soutien indéfectible ont été des atouts précieux tout au long de ce parcours.

Je tiens également à remercier sincèrement M. Ali Hamrouni, dont les conseils pertinents ont largement contribué à enrichir ma réflexion et à orienter ce travail dans la bonne direction.

Un immense merci à mes proches pour leur soutien inconditionnel et leur compréhension durant ces années d'études. Leur patience et leur encouragement ont été une source inestimable de motivation.

Enfin, je souhaite remercier toutes les personnes rencontrées au cours de mes 21 années d'expérience dans le secteur bancaire, ainsi que mes collègues et amis, qui ont participé à façonner ma vision du management bancaire et du développement durable.

Merci à tous

PRÉFACE

La montée en puissance du changement climatique et d'autres défis environnementaux nous rappelle avec force que le développement durable est au cœur de l'avenir de la planète et de l'humanité. L'industrialisation rapide, les révolutions technologiques successives et les ambitions de croissance économique, bien que profitables, ont souvent laissé des traces négatives sur l'environnement et la société, creusant un passif écologique et social complexe. Dans cette dynamique, les institutions financières, véritables moteurs de l'économie mondiale, jouent un rôle de premier plan en orientant les flux financiers et en influençant les choix de développement. Motivées principalement par des objectifs de rentabilité, elles ont parfois ignoré l'importance des critères sociaux et environnementaux dans leurs décisions d'investissement et de conception de produits.

Cependant, le temps est venu de réorienter ce système. L'intégration de la durabilité au secteur financier n'est plus un simple objectif : elle est essentielle. Les institutions financières peuvent et doivent être des piliers du développement durable, comme en témoignent des engagements récents et croissants envers la finance responsable, tels que la signature des « Principes pour une banque responsable » en 2019, en lien avec l'Accord de Paris et les Objectifs de développement durable (ODD), ou encore l'adoption du règlement Taxonomie.

La banque de détail, notamment en France, reste toutefois en retard dans ce domaine, alors qu'elle détient une position stratégique pour influer sur les décisions de financement et le comportement des consommateurs. Son influence s'étend aux ménages, PME, ETI, et startups, ce qui lui confère un potentiel unique pour promouvoir une finance durable et orienter les choix économiques dans une direction plus respectueuse de l'environnement.

Ce livre propose de répondre à une question fondamentale : comment la banque de détail peut-elle intégrer les principes de la finance durable de manière à soutenir le développement durable sans sacrifier ses objectifs de rentabilité ? Pour répondre à cette question, j'ai structuré mon analyse en plusieurs parties. Dans un premier temps, je fais un retour sur l'évolution du concept de développement durable dans le secteur bancaire, en explorant les spécificités de la banque de détail, tant en France que dans des pays comme l'Allemagne, le Japon, la Chine et le Canada.

Dans la deuxième partie, j'explore les multiples enjeux liés à l'adoption du développement durable par la banque de détail, tels que l'impact commercial, la réputation, les pressions réglementaires et les attentes des parties prenantes. Je propose ensuite une troisième partie qui présente un cadre stratégique pour une intégration efficace de la finance durable dans la banque de détail, détaillant des actions concrètes à chaque niveau, de la gouvernance stratégique aux relations clients, et des processus internes aux engagements externes.

La quatrième partie se concentre sur les perspectives d'avenir pour les banques de détail dans le contexte d'une finance durable. Elle examine comment ces institutions peuvent se positionner comme leaders dans cette transition écologique grâce à des initiatives innovantes. Enfin, la cinquième partie aborde les stratégies spécifiques que les banques peuvent adopter pour devenir durables. Cela inclut l'intégration des critères ESG (environnementaux, sociaux et de gouvernance), l'innovation produit ainsi que la formation et l'engagement des employés.

L'évolution du cadre réglementaire, la croissance rapide de la finance durable, ainsi que l'émergence de nouveaux acteurs bancaires engagés démontrent que la finance durable est une voie non seulement nécessaire mais bénéfique. Elle permet de répondre aux attentes croissantes des clients, soucieux de donner un sens à leurs investissements, et offre aux banques un levier de compétitivité et de fidélisation. Ce changement soutient également une gestion plus éclairée des ressources et une réduction des coûts, tout en attirant des capitaux d'investissement responsables.

L'intégration de la finance durable est ainsi une opportunité unique pour les banques de détail de transformer leur modèle d'affaires et de se positionner en acteurs majeurs de la transition écologique. Ce livre propose une analyse approfondie des défis et stratégies pour accompagner ce tournant essentiel, de manière à faire de la finance durable un véritable pilier de la banque de demain.

Sommaire

INTRODUCTION

Le concept de développement durable a émergé comme une réponse à la prise de conscience croissante des limites environnementales de notre planète. Selon le rapport Brundtland publié en 1987, le développement durable est défini comme "un développement qui répond aux besoins du présent sans compromettre la capacité des générations futures à répondre aux leurs". Depuis, cette notion a gagné en importance, devenant un enjeu incontournable dans tous les secteurs, y compris celui de la banque. Les banques, traditionnellement perçues comme des institutions à but lucratif axées sur la croissance financière, jouent désormais un rôle clé dans la transition vers une économie plus verte et socialement responsable.

Les banques sont à la croisée des chemins entre l'économie réelle et les investisseurs. Elles ont un pouvoir immense en matière de financement, et leur position stratégique leur permet d'influencer de manière significative les politiques environnementales, sociales et de gouvernance (ESG). Face à la pression des régulateurs, des investisseurs et des citoyens, les banques doivent réinventer leurs modèles économiques pour s'adapter à ces nouveaux enjeux.

Le Sommet de la Terre de Rio de 1992 marque un tournant majeur dans la prise de conscience mondiale des enjeux environnementaux. Ce sommet, où plus de 178 pays étaient représentés, a mis en lumière la nécessité de repenser la manière dont les entreprises et les gouvernements interagissent avec l'environnement. L'adoption des Objectifs de Développement Durable (ODD) par l'ONU en 2015 renforce cette dynamique, en fixant 17 objectifs mondiaux à atteindre d'ici 2030, parmi lesquels l'action climatique, la réduction des inégalités et la consommation responsable.

Dans ce contexte, le secteur bancaire se trouve à un carrefour crucial. En tant qu'acteur central de l'économie, il doit aligner ses actions avec ces objectifs globaux. Cependant, cela implique des changements profonds dans la manière dont les banques financent les projets et les entreprises. L'adoption des critères ESG est devenue un impératif pour les institutions financières cherchant à maintenir leur crédibilité et à répondre aux attentes croissantes des parties prenantes.

Les Accords de Paris, adoptés en 2015 lors de la COP21, ont été un catalyseur pour la finance durable. Ce traité international vise à limiter le réchauffement climatique à 1,5°C d'ici la fin du siècle. Pour y parvenir, les institutions financières sont appelées à financer massivement la transition énergétique, à travers des investissements dans les énergies renouvelables, l'efficacité énergétique, et les technologies propres. Par conséquent, de nombreuses banques ont revu leur stratégie pour aligner leurs portefeuilles d'investissement avec les objectifs de l'Accord de Paris.Au niveau européen, la Taxonomie verte et le règlement SFDR (Sustainable Finance Disclosure Regulation) sont deux cadres législatifs majeurs qui obligent les acteurs financiers à divulguer la durabilité de leurs investissements. Ces régulations ont pour but de créer une classification standardisée des activités économiques considérées comme durables, facilitant ainsi la transparence et la lutte contre le greenwashing. La mise en conformité avec ces cadres représente un défi, mais aussi une opportunité pour les banques d'adopter une approche plus proactive en matière de finance verte.

Certaines banques se distinguent par leur engagement en faveur du développement durable. BNP Paribas, par exemple, s'est fixé l'objectif de consacrer 200 milliards d'euros au financement de projets liés à l'économie verte d'ici 2025. L'institution a également cessé de financer de nouveaux projets liés à l'extraction de charbon, un signal fort envoyé aux acteurs du marché.

Le Crédit Agricole, de son côté, a créé une gamme de produits d'investissement socialement responsable (ISR), permettant aux clients d'investir dans des projets conformes aux critères ESG. Ces initiatives montrent que les banques peuvent non seulement répondre aux attentes des régulateurs et des investisseurs, mais aussi jouer un rôle actif dans la transition vers une économie plus durable.

Les banques coopératives, comme Triodos Bank ou La Nef, ont adopté dès leur fondation une approche centrée sur le développement durable. Leur modèle repose sur le financement exclusif de projets ayant un impact positif sur l'environnement et la société. Ces banques illustrent l'idée qu'une approche éthique et durable peut être viable sur le long terme, tout en contribuant à la réalisation des ODD.

Les green bonds, ou obligations vertes, sont devenus un instrument financier incontournable dans la lutte contre le changement climatique. Ils permettent aux entreprises et aux gouvernements de lever des fonds pour des projets spécifiques liés à l'environnement, tels que la construction de parcs éoliens ou solaires. En 2020, plus de 269 milliards de dollars ont été levés via des obligations vertes, un record historique.

D'autres instruments, comme les social bonds, visent à répondre à des problématiques sociales telles que la création d'emplois ou l'accès à l'éducation. Ces produits financiers sont de plus en plus populaires auprès des investisseurs qui cherchent à allier rentabilité financière et impact positif sur la société.

Le label ISR (Investissement Socialement Responsable) est une certification accordée aux fonds d'investissement qui intègrent des critères ESG dans leur processus de sélection. Ce label permet aux investisseurs de s'assurer que leurs placements sont alignés avec leurs valeurs, tout en stimulant la demande pour des produits financiers plus responsables.

La transformation numérique des banques a également un impact significatif sur leur empreinte écologique. En réduisant l'utilisation du papier, en dématérialisant les processus et en adoptant des solutions de cloud computing, les banques peuvent diminuer leur empreinte carbone. Par exemple, la Banque Postale a récemment annoncé la mise en place d'un plan de digitalisation visant à réduire de 20 % ses émissions de CO2 d'ici 2030.

Les fintech, ces start-ups technologiques du secteur financier, jouent aussi un rôle clé en matière de finance durable. Leur approche agile et leur capacité à intégrer des technologies comme l'intelligence artificielle permettent de développer des produits financiers innovants et responsables. Par exemple, certaines fintech proposent des plateformes de prêt participatif dédiées exclusivement aux projets verts.

Les banques ont un rôle à jouer dans la lutte contre les inégalités sociales. En finançant des projets à fort impact social, elles peuvent contribuer à améliorer les conditions de vie des populations vulnérables. Le microcrédit, par exemple, est une solution qui permet de financer des projets de petite envergure, souvent dans les pays en développement, tout en favorisant l'autonomisation des individus.

L'inclusion financière est également un enjeu majeur. De nombreuses banques se tournent vers des initiatives visant à rendre les services bancaires accessibles à tous, y compris aux populations les plus défavorisées. Les services bancaires mobiles, par exemple, ont permis à des millions de personnes en Afrique subsaharienne d'accéder pour la première fois à des services financiers.

Malgré ces avancées, le secteur bancaire doit faire face à plusieurs défis. L'un des plus grands obstacles reste le conflit entre maximisation des profits et engagement environnemental. Les banques sont confrontées à des choix difficiles lorsqu'il s'agit de financer des industries polluantes mais rentables, telles que les énergies fossiles.

Le greenwashing est également un problème récurrent. Certaines institutions financières prétendent être engagées en faveur du développement durable tout en continuant à financer des projets néfastes pour l'environnement. Cela nuit à la crédibilité du secteur et à la confiance des investisseurs.

Le futur du secteur bancaire repose sur sa capacité à innover et à s'adapter aux nouvelles attentes sociétales. L'évolution de la demande pour des produits financiers responsables est une tendance que les banques devront continuer à suivre. Par ailleurs, les régulations futures, notamment dans le cadre du Green Deal européen, imposeront probablement des critères encore plus stricts en matière d'investissement durable.

Les technologies émergentes, telles que la blockchain, pourraient jouer un rôle crucial dans cette transformation. En offrant une plus grande transparence et traçabilité des investissements, elles permettront aux banques de mieux contrôler l'impact de leurs financements et d'éviter le greenwashing.

La transition vers une banque durable est en marche, mais elle nécessite encore de nombreux ajustements. Les institutions financières doivent se réinventer pour répondre aux attentes des régulateurs, des investisseurs et des citoyens. Les enjeux environnementaux, sociaux et de gouvernance ne sont plus une option mais un impératif pour assurer la pérennité du secteur bancaire. Dans un monde en constante évolution, l'innovation et l'adaptation seront les clés pour relever les défis du développement durable et contribuer à la construction d'une économie plus juste et plus respectueuse de la planète.

PARTIE 1 – ÉVOLUTION DU CONCEPT DU DÉVELOPPEMENT DURABLE DANS LE SECTEUR BANCAIRE – BANQUE DE DÉTAIL

Le développement durable, concept largement popularisé par le rapport Brundtland en 1987, se définit comme un processus qui répond aux besoins actuels sans compromettre la capacité des générations futures à satisfaire les leurs. Ce rapport a mis en lumière la distinction essentielle entre le progrès économique et le bien-être social. Il est fondamental de reconnaître que la croissance économique ne se traduit pas nécessairement par l'amélioration des conditions de vie ni par le progrès sociétal. Ce constat amène à repenser la manière dont les sociétés organisent leur développement. Il devient impératif d'harmoniser les nécessités présentes et futures en matière de développement économique, social et environnemental.

Depuis cette époque, de nombreux acteurs — gouvernements, organisations internationales, entreprises et citoyens — se sont engagés à promouvoir des pratiques durables. Cet engagement se traduit par la mise en place de politiques, de stratégies et d'initiatives visant à préserver les ressources naturelles, réduire les émissions de gaz à effet de serre, et favoriser l'équité sociale. Par conséquent, une prise de conscience croissante s'est développée autour de la nécessité de réformer les pratiques commerciales pour qu'elles soient compatibles avec les objectifs de durabilité.

A – Le développement durable dans le secteur bancaire

Longtemps, les concepts de citoyenneté et d'éthique ont semblé en décalage avec le vocabulaire entrepreneurial, car la logique capitaliste de l'entrepreneur se focalisait presque exclusivement sur le profit. Toutefois, la prise de conscience croissante des enjeux mondiaux, tels que l'épuisement des ressources non renouvelables, le changement climatique, et les menaces pesant sur la vie sur Terre, a radicalement transformé les mentalités.

Dans ce contexte, certaines entreprises ont commencé à s'adapter à cette nouvelle réalité, mais c'est particulièrement dans le secteur bancaire que des initiatives significatives ont vu le jour. En tant que piliers de l'économie mondiale et principaux facilitateurs des flux financiers, les banques jouent un rôle crucial dans le financement des entreprises et disposent d'un pouvoir unique sur l'échiquier économique. Leur position leur confère une responsabilité essentielle dans la transition vers un modèle économique durable.

Les circuits de financement constituent des mécanismes permettant aux agents ayant des besoins de financement de se connecter avec ceux possédant les capacités financières nécessaires. Ainsi, le système financier agit comme un intermédiaire, rassemblant les capitaux des investisseurs et les économies des ménages pour les diriger vers des agents économiques divers, que ce soit des projets spécifiques, des fonds d'investissement ou d'autres entités ayant exprimé un besoin de financement.

La durabilité économique et sociale est donc largement conditionnée par les choix d'investissement réalisés par les banques. La finance durable peut être perçue comme un ensemble de pratiques financières visant à prioriser, sur le long terme, l'intérêt général dans la réalisation des objectifs économiques et commerciaux des institutions financières. Cette approche repose sur l'adoption d'outils et de stratégies financières qui soutiennent les objectifs environnementaux, sociaux et de gouvernance (ESG), garantissant ainsi que le système financier contribue à la transition vers une économie à faibles émissions de carbone, tout en cherchant à réduire au maximum les inégalités.

Cependant, il est important de noter que l'idéologie de durabilité dans le secteur bancaire ne constitue pas un phénomène récent. Elle puise ses racines dans un passé lointain, où des valeurs telles que la responsabilité sociale et l'intégration des préoccupations environnementales dans les décisions d'investissement commençaient à émerger.

A 1 - Bref historique du développement durable dans le secteur bancaire

L'idée du développement durable trouve ses racines dans des pratiques ancestrales, ayant émergé il y a plusieurs siècles. Parmi les premières initiatives notables figurent la conservation des forêts, qui garantissait un approvisionnement constant en bois, et la gestion des ressources en eau, essentielle pour l'irrigation des terres agricoles. Par ailleurs, les premières législations sur la protection de l'environnement témoignent d'une prise de conscience précoce des enjeux liés à la durabilité.

Cependant, le développement durable tel que nous le comprenons aujourd'hui a véritablement commencé à prendre forme dans les années 1970. Ce tournant a été marqué par l'émergence du terme « développement durable », introduit par le Programme des Nations Unies pour l'environnement (PNUE) en 1987. Cette période est également associée à la publication du rapport Brundtland, qui a fortement insisté sur l'importance de concilier les besoins immédiats avec ceux des générations futures dans les domaines économique, social et environnemental.

Depuis cette époque charnière, un large éventail d'acteurs, allant des gouvernements aux organisations internationales, en passant par des entreprises et des citoyens, s'est engagé à promouvoir le développement durable. Cela s'est traduit par l'adoption de politiques, le lancement d'initiatives et la mise en œuvre de pratiques visant à préserver les ressources naturelles, à diminuer les émissions de gaz à effet de serre et à favoriser l'équité sociale.

Actuellement, l'Europe se positionne en tête en matière de finance durable, bénéficiant d'une reconnaissance et d'un développement plus avancés que dans d'autres régions du monde. Toutefois, il est crucial de noter que l'origine de ce mouvement en faveur de la finance durable remonte à plusieurs décennies. Les premières tentatives d'intégration des principes de durabilité dans le secteur bancaire ont jeté les bases de ce qui deviendra une priorité mondiale.

a. Des racines éthiques aux pratiques durables

La question du développement durable est une thématique qui remonte à plusieurs siècles, souvent abordée sous l'angle de l'éthique bancaire ou de l'éthique de l'argent. Ces concepts anciens trouvent leurs origines dans les préceptes religieux. Historiquement, les sociétés humaines étaient régies par des normes dictées par des forces supérieures, et jusqu'à nos jours, les grandes religions monothéistes continuent de prôner une certaine éthique dans les transactions financières.

Dès les années 640, par exemple, l'Islam interdisait à ses fidèles d'investir dans des activités contraires aux principes de la Charia. Les investissements jugés acceptables étaient ceux favorisant le bien-être collectif, s'inscrivant dans une logique de long terme et contribuant à la lutte contre des fléaux tels que la faim, la pauvreté et l'analphabétisme.

Cette préoccupation éthique a été réaffirmée par des figures historiques, comme le président Théodore Roosevelt, qui, dans les années 1920, exprimait que « la poursuite aveugle du profit engendre une mauvaise morale », soulignant ainsi la nécessité d'une économie plus juste et responsable. Cette période difficile pour le système financier américain, suite au krach boursier de 1929, a suscité une réflexion approfondie sur les valeurs éthiques à intégrer dans les pratiques bancaires

Au fil des décennies, le concept de développement durable et d'investissement socialement responsable (ISR) a gagné en popularité, en grande partie grâce aux mouvements sociaux des années 1960 et 1970. Ces mouvements, souvent d'origine étudiante, contestaient des pratiques considérées comme immorales, notamment en lien avec des conflits comme la guerre du Vietnam. Des universités ont ainsi refusé des financements provenant d'entreprises tirant profit de situations éthiquement discutables, poussant à une réévaluation des valeurs dans le secteur financier.

La décennie suivante a vu une montée en puissance des fonds éthiques, particulièrement en réponse au régime d'apartheid en Afrique du Sud. Les consommateurs ont pris conscience que leurs choix d'investissement ne sont pas neutres ; ils peuvent engendrer des impacts significatifs sur la société et l'environnement. Par conséquent, les entreprises ont commencé à être évaluées en fonction de leurs pratiques éthiques et durables, adoptant des systèmes de comparaison tels que le modèle « best-in-class ».

Avec le temps, la finance durable s'est transformée : au lieu de simplement exclure certaines entreprises ou secteurs d'activité, l'objectif s'est élargi à encourager un développement durable au sein de l'ensemble de l'économie. Le secteur bancaire a pris conscience de son rôle clé dans cette dynamique. En France, par exemple, la création du ministère de l'Environnement en 1971 a marqué le début d'une prise de conscience institutionnelle concernant la durabilité.

Les révolutions industrielles précédentes, associées à une urbanisation rapide et à une augmentation des activités économiques, ont eu des conséquences dévastatrices sur l'environnement : pollution, déforestation, dégradation des écosystèmes, et changements climatiques sont autant de problématiques auxquelles il est impératif de s'attaquer. Ces enjeux environnementaux, couplés à des inégalités socio-économiques croissantes, soulignent l'urgence d'adopter des pratiques durables.

En 1997, la finance durable est devenue un courant de pensée structurant grâce à des initiatives telles que celle du Programme des Nations Unies pour l'environnement (PNUE), qui visait à réduire l'impact négatif du secteur financier sur l'environnement. Ce programme a mis en lumière l'importance d'investir dans des projets visant à lutter contre la déforestation et à réduire les émissions de gaz à effet de serre, des thèmes qui restent au cœur des Objectifs de développement durable (ODD).

La crise des subprimes de 2008 a accentué les critiques à l'égard du secteur bancaire. L'extrême vulnérabilité du système financier a mis en avant la nécessité d'une meilleure régulation et d'une responsabilité accrue des banques. Les accusations portées contre les pratiques irresponsables ont renforcé l'idée que donner un sens à la finance est devenu une exigence incontournable.

Bien que certaines institutions financières aient proclamé leur engagement envers la responsabilité sociétale des entreprises (RSE), des failles persistent dans le système, souvent éclipsées par des impératifs de rentabilité économique. Cependant, des initiatives ont émergé : en 2019, plusieurs banques ont signé les « Principes pour une banque responsable », une démarche visant à aligner leurs stratégies sur l'Accord de Paris et les ODD, témoignant d'une volonté croissante de faire de la durabilité une priorité centrale.

Développements récents et initiatives

Face aux défis environnementaux pressants, les banques ont commencé à développer des produits financiers orientés vers la durabilité, tels que des prêts verts et des fonds d'investissement socialement responsables. Ces instruments financiers visent à soutenir des projets qui répondent aux exigences environnementales et sociales tout en offrant des rendements attractifs pour les investisseurs.

De plus en plus d'institutions financières ont créé des équipes dédiées à la durabilité, intégrant des critères environnementaux, sociaux et de gouvernance (ESG) dans leurs processus de sélection des projets et des entreprises. Cette évolution est essentielle pour répondre aux attentes croissantes des consommateurs, qui souhaitent voir leurs investissements soutenus par des pratiques éthiques.

En outre, certaines banques adoptent des initiatives visant à réduire leur propre empreinte environnementale. Cela inclut des efforts pour diminuer la consommation d'énergie, promouvoir la diversité et l'inclusion au sein des équipes, et soutenir les projets communautaires qui visent à améliorer les conditions de vie des populations vulnérables.

Le développement durable dans le secteur bancaire a évolué au fil du temps, passant d'une simple considération éthique à une priorité stratégique pour de nombreuses institutions financières. Ces banques prennent désormais conscience de leur rôle essentiel dans la promotion de pratiques durables qui peuvent avoir un impact positif sur la société et l'environnement. Les défis qui se présentent à elles nécessitent une transformation continue de leurs pratiques, intégrant des valeurs éthiques et une vision à long terme pour un avenir plus durable.

b. Le développement durable dans d'autres secteurs

Le développement durable est aujourd'hui au cœur des préoccupations collectives. À l'ère de la quatrième révolution industrielle, la transition vers des systèmes de production intelligents et connectés est inévitable, portée par l'automatisation avancée, l'évolution rapide des technologies numériques et les recherches sur l'intelligence artificielle et le big data. Cette transformation entraînera une restructuration des chaînes de valeur mondiales, avec un soutien croissant des processus de production par des systèmes robotisés et des algorithmes d'IA. Toutefois, cette évolution soulève des inquiétudes quant à la dignité et à la sécurité des travailleurs, alors que la gestion des recrutements et la surveillance des performances peuvent devenir biaisées par ces technologies. Selon une étude récente, l'IA générative pourrait menacer des millions d'emplois à plein temps, particulièrement dans les domaines administratifs et des services.

Face à ces enjeux, presque tous les secteurs ont entrepris une démarche vers le développement durable, révélant ainsi une montée en puissance des métiers orientés vers cette finalité. En France, plus de 4 millions d'emplois sont aujourd'hui associés au développement durable, bien au-delà du seul secteur de la protection de l'environnement. Divers secteurs, tels que l'agriculture, le transport, l'énergie renouvelable, la construction, et même des industries comme la santé et le tourisme, adaptent leurs métiers pour répondre aux urgences écologiques contemporaines.

Agriculture

Dans l'industrie alimentaire, la transition vers des pratiques durables se manifeste par des innovations significatives dans la gestion des ressources. Des techniques de gestion de l'eau plus efficaces, des systèmes de recyclage des emballages, et des stratégies de réduction des déchets témoignent d'un engagement croissant en faveur de la durabilité. Les entreprises s'efforcent également de sensibiliser leurs clients à l'importance du développement durable, contribuant ainsi à un changement de comportement à l'échelle de la consommation.

Le secteur des transports, quant à lui, a connu des progrès notables grâce à des investissements massifs dans les infrastructures de transport durable. La part des véhicules électriques a bondi de 4 % à 14 % entre 2020 et 2022, illustrant une adoption accrue de solutions de mobilité respectueuses de l'environnement. Des efforts sont déployés pour développer des carburants alternatifs et promouvoir les transports en commun, ce qui permet de réduire les émissions de gaz à effet de serre.

Mode

Dans le domaine de la mode, des initiatives ont émergé pour adopter des processus de fabrication éthique et écoresponsable. Les marques intègrent des matériaux recyclés et travaillent à améliorer la transparence de leur chaîne d'approvisionnement. La mode circulaire, qui encourage la réutilisation et le recyclage des vêtements, commence à se développer, ce qui souligne un changement vers une consommation plus durable.

Immobilier

Le secteur immobilier met également l'accent sur l'efficacité énergétique et la préservation de la biodiversité. Des normes de construction durable et des projets de développement de quartiers écologiques illustrent l'engagement vers des infrastructures résilientes. En intégrant des technologies vertes, les nouveaux bâtiments visent à minimiser leur empreinte environnementale tout en améliorant le confort des occupants.

Technologie

Le secteur technologique contribue à cette dynamique par des initiatives variées, notamment la réduction de l'empreinte carbone et l'adoption de sources d'énergie renouvelables. La conception de produits recyclables et l'optimisation des procédés de fabrication sont devenues des priorités, tout comme le recyclage des déchets électroniques.

Malgré ces avancées, des défis persistent dans l'adoption du développement durable à une échelle plus large. La nécessité d'un financement adéquat pour soutenir les initiatives durables et la formation des employés pour les nouvelles compétences requises sont des enjeux cruciaux. La collaboration entre les secteurs public et privé est essentielle pour créer des synergies et maximiser l'impact des efforts de durabilité.

Le secteur bancaire joue un rôle fondamental dans la promotion du développement durable. En intégrant des critères environnementaux, sociaux et de gouvernance (ESG) dans leurs décisions d'investissement, les banques contribuent à diriger les flux de capitaux vers des projets durables. Cela inclut le financement d'infrastructures vertes, de technologies propres et d'initiatives de responsabilité sociale.

Des études de cas révèlent comment certaines institutions financières ont mis en œuvre des stratégies de développement durable. Par exemple, certaines banques offrent des produits d'investissement spécifiques qui privilégient les entreprises respectueuses de l'environnement, tandis que d'autres adoptent des politiques internes de réduction de leur empreinte carbone. Les initiatives de prêt vert, qui encouragent les projets d'énergie renouvelable, sont également en plein essor. De plus, la digitalisation permet aux banques de réduire leur utilisation de papier et d'optimiser leurs opérations.

Le développement durable s'affirme comme une priorité dans l'ensemble des secteurs économiques, avec des entreprises qui cherchent à mettre en œuvre des pratiques respectueuses de l'environnement. Ces efforts sont essentiels pour répondre aux défis contemporains et garantir un avenir durable pour les générations futures. La collaboration entre les différents acteurs, la sensibilisation et l'innovation restent des leviers clés pour transformer ces intentions en actions concrètes.

A 2 - Le cadre réglementaire relatif au développement durable dans la banque de détail

L'émergence du développement durable comme priorité globale nécessite une réponse réglementaire appropriée, en particulier dans le secteur bancaire. Le cadre réglementaire relatif au développement durable dans la banque de détail a considérablement évolué au fil des années, influencé par une prise de conscience croissante des enjeux environnementaux, sociaux et de gouvernance (ESG). Cette évolution est le résultat d'une combinaison d'initiatives internationales, nationales et régionales visant à intégrer des considérations durables dans les pratiques financières.

L'évolution du cadre réglementaire a été propulsée par des études approfondies sur les conséquences des activités bancaires sur l'environnement et la société. Des normes et des directives ont été élaborées pour refléter les attentes des différentes parties prenantes, allant des investisseurs aux régulateurs en passant par la société civile. À l'échelle internationale, les Principes pour l'Investissement Responsable (PRI) ont joué un rôle clé en établissant des normes pour les acteurs financiers, les engageant à adopter des pratiques durables et à rendre compte de leur impact environnemental et social.

Parallèlement, des initiatives nationales ont vu le jour, introduisant des exigences sur le reporting des risques ESG. Par exemple, la Taxonomie européenne, instaurée en 2020, fournit un cadre pour définir ce qu'est un investissement durable. En définissant clairement les activités durables, cette réglementation vise à lutter contre le greenwashing, renforçant ainsi la confiance du public envers les produits financiers.

La transparence est au cœur des réglementations relatives à la finance durable. Le règlement (UE) 2019/2088, connu sous le nom de SFDR (Sustainable Finance Disclosure Regulation), a été introduit pour contraindre les gestionnaires d'actifs et les conseillers en investissement à fournir des informations sur leur engagement envers le développement durable. Cela inclut des données sur la responsabilité sociale et environnementale dans leurs opérations, permettant aux investisseurs de prendre des décisions éclairées.

La directive CSDR (Central Securities Depositary Regulation), mise en place en avril 2021, a également été un pas vers l'harmonisation des rapports de durabilité, en proposant des indicateurs standardisés pour faciliter la comparaison entre entreprises. Ces initiatives favorisent une meilleure compréhension des performances durables des institutions financières, renforçant ainsi leur responsabilité.

Dans le secteur de la banque de détail, les exigences en matière de développement durable se sont intensifiées. Les régulateurs ont imposé aux banques de rendre compte de leurs performances sur les critères ESG, ce qui les pousse à mettre en œuvre des pratiques plus responsables. Cela inclut la publication de rapports sur les initiatives visant à réduire les émissions de gaz à effet de serre, à promouvoir la diversité et à soutenir les communautés locales.

Des normes ont également été mises en place pour obliger les banques à effectuer des analyses de risque ESG avant d'accorder des prêts, assurant ainsi que leurs décisions financières contribuent à une économie plus durable. Ce cadre réglementaire incite les institutions financières à prendre des décisions qui non seulement maximisent leurs profits, mais aussi minimisent leur impact négatif sur la société et l'environnement.

Une étude de cas pertinente est celle des banques qui ont intégré des critères ESG dans leurs stratégies d'investissement. Ces institutions financières ont constaté non seulement une amélioration de leur image de marque, mais aussi une attractivité accrue auprès des investisseurs soucieux de l'environnement. Les données montrent que les entreprises engagées dans des pratiques durables attirent davantage de capitaux, car les investisseurs cherchent à minimiser les risques associés aux changements climatiques et à d'autres enjeux environnementaux.

De plus, des analyses approfondies révèlent que les banques qui adoptent des pratiques durables sont souvent mieux préparées pour faire face à des crises économiques. Par exemple, les banques qui ont investi dans des projets d'énergie renouvelable ou de technologies propres ont vu leur résilience augmenter, car ces secteurs sont de plus en plus soutenus par des politiques gouvernementales favorables.

Le cadre réglementaire relatif au développement durable dans la banque de détail est en constante évolution, reflétant les défis et les opportunités associés à la transition vers une économie plus durable. À mesure que les attentes des consommateurs, des investisseurs et des régulateurs augmentent, les banques sont appelées à s'engager davantage dans des pratiques durables, non seulement pour se conformer aux réglementations, mais aussi pour contribuer à un avenir meilleur. Ces efforts ne sont pas seulement bénéfiques pour l'environnement et la société, mais ils s'avèrent également rentables à long terme, renforçant la résilience et la durabilité des institutions financières.

B - Les spécificités de la banque de détail en matière de développement durable

La finance durable, en tant que concept englobant des pratiques telles que la responsabilité bancaire, les fonds philanthropiques et l'investissement responsable, trouve des applications concrètes dans le secteur de la banque de détail. Ce dernier se caractérise par trois notions principales : la finance solidaire, la finance socialement responsable et la finance verte. Chacune de ces approches contribue à façonner l'offre de produits et de services financiers, ainsi qu'à orienter les investissements vers des thématiques et des secteurs considérés comme durables.

La finance solidaire

La finance solidaire se concentre sur le soutien aux projets qui visent à améliorer la qualité de vie des populations défavorisées et à promouvoir l'inclusion sociale. Cette approche est souvent matérialisée par des prêts à des conditions avantageuses pour les initiatives à but social, permettant ainsi aux emprunteurs d'accéder à des ressources financières pour des projets qui auraient autrement été négligés par les circuits bancaires traditionnels.

Une étude de cas pertinente pourrait être l'analyse des prêts accordés à des entreprises d'insertion sociale. Ces structures, qui intègrent des personnes en difficulté sur le marché du travail, illustrent comment la finance solidaire peut favoriser la création d'emplois tout en contribuant à la cohésion sociale. Les résultats montrent que les banques qui adoptent ce modèle renforcent leur image et fidélisent une clientèle soucieuse des enjeux sociaux.

La finance socialement responsable

La finance socialement responsable (FSR) se distingue par son engagement à intégrer des critères environnementaux, sociaux et de gouvernance (ESG) dans les décisions d'investissement. Cela se traduit par une offre de produits financiers qui répondent à des normes éthiques, permettant aux clients de canaliser leurs ressources vers des projets qui respectent ces critères.

Les banques de détail, en développant des fonds d'investissement socialement responsables, contribuent à orienter les capitaux vers des entreprises qui respectent des pratiques durables. Par exemple, une analyse des performances des fonds ESG a montré qu'ils peuvent souvent rivaliser, voire surpasser, les fonds traditionnels en termes de rendement. Cette tendance témoigne de l'intérêt croissant des investisseurs pour des placements qui non seulement génèrent des profits, mais ont également un impact positif sur la société.

La finance verte

La finance verte se concentre sur le financement de projets liés à la transition énergétique, à la protection de l'environnement et à la lutte contre le changement climatique. Les banques de détail jouent un rôle crucial en proposant des produits adaptés, tels que des prêts pour l'achat de véhicules électriques, des crédits immobiliers pour des logements écologiques ou des financements pour des initiatives d'énergie renouvelable.

Les études montrent que l'investissement dans la finance verte ne se limite pas seulement à répondre à une demande croissante de la part des consommateurs, mais qu'il s'agit également d'un facteur de compétitivité pour les banques. Par exemple, le développement de green bonds (obligations vertes) par des banques de détail a permis de mobiliser des fonds considérables pour des projets d'infrastructure durable, favorisant ainsi une transition vers une économie plus verte. Ces initiatives contribuent à renforcer la réputation des banques en tant qu'acteurs responsables, tout en leur permettant de capter une clientèle soucieuse des enjeux environnementaux.

Avantages de l'Adoption des Pratiques Durables

L'intégration des critères ESG présente plusieurs avantages pour les banques :

Gestion des Risques à Long Terme : Les banques peuvent mieux anticiper et gérer les risques liés aux changements climatiques et aux attentes sociétales croissantes.

Amélioration de la Réputation : Une réputation solide est cruciale dans le secteur bancaire. Les institutions qui adoptent des pratiques durables sont souvent perçues plus positivement par les clients et les investisseurs.

Attraction de Nouveaux Clients : Les consommateurs, en particulier les jeunes générations, privilégient de plus en plus les institutions financières qui démontrent un engagement envers la durabilité.

Les Défis de la Transition Écologique

Malgré les progrès réalisés, le secteur bancaire fait face à des défis importants :

- Émissions de Gaz à Effet de Serre : Les banques génèrent des émissions de gaz à effet de serre significatives, souvent supérieures à celles de nombreux autres secteurs, ce qui souligne la nécessité d'une transition écologique urgente.

- Disparités dans l'Engagement : Bien que de nombreuses banques aient mis en place des politiques de responsabilité sociétale des entreprises (RSE), il existe des disparités dans l'engagement et l'efficacité de ces initiatives.

Initiatives et Innovations dans le Secteur

Certaines banques innovent en matière de développement durable, comme l'émergence de produits financiers respectueux de l'environnement, tels que les éco-prêts et les obligations vertes, montrant comment le secteur peut évoluer vers des pratiques plus durables.

Le Rôle des Parties Prenantes

La transition vers une économie durable nécessite l'engagement de toutes les parties prenantes :

- Banques : En tant qu'intermédiaires financiers, elles ont un rôle clé à jouer.
- Gouvernements : Les politiques publiques doivent encourager les pratiques durables et fournir un cadre réglementaire favorable.
- Consommateurs : Les choix des consommateurs influencent les décisions des banques et les incitent à adopter des pratiques plus durables.

Perspectives d'Avenir

Le secteur bancaire est à un tournant crucial. Avec l'augmentation des attentes sociétales et des exigences réglementaires, les banques doivent évoluer pour rester compétitives. L'avenir du secteur dépendra de sa capacité à s'adapter aux défis environnementaux et sociaux, tout en continuant à générer des profits.

C - Le rôle des banques de détail

Le développement durable est devenu un impératif mondial, et le secteur bancaire, en tant qu'intermédiaire financier clé, a un rôle crucial à jouer. Les banques de détail, qui sont souvent le premier point de contact pour les consommateurs et les petites entreprises, ont une opportunité unique d'influencer positivement l'économie. En intégrant des pratiques de financement durable dans leurs opérations, elles peuvent non seulement contribuer à la protection de l'environnement, mais aussi répondre aux attentes croissantes de leurs clients et des régulateurs.

C 1 - Intégration des Critères ESG dans les Décisions de Prêt et d'Investissement

Évaluation des Risques et Opportunités

Les banques de détail peuvent adopter une approche proactive en intégrant les critères environnementaux, sociaux et de gouvernance (ESG) dans leurs processus de décision. Par exemple, lors de l'évaluation d'une demande de prêt pour un projet de construction, elles peuvent examiner l'impact environnemental du bâtiment, comme son efficacité énergétique et son empreinte carbone. En refusant de financer des projets à forte intensité de carbone, les banques encouragent les entreprises à adopter des pratiques plus durables.

Exemples :

- **Programmes de Prêt :** Une banque pourrait lancer un programme de prêt pour les entreprises qui s'engagent à réduire leurs émissions de gaz à effet de serre dans un délai déterminé. En retour, ces entreprises bénéficieraient de taux d'intérêt réduits.

- **Financement des Énergies Renouvelables :** Des prêts spécifiques pourraient être mis en place pour soutenir des projets d'énergie solaire et éolienne, permettant aux entreprises de bénéficier de conditions favorables pour développer des solutions énergétiques durables.

C 2 - Développement de Produits Financiers Durables

Une Gamme Diversifiée de Produits

Les banques de détail peuvent développer une gamme variée de produits financiers qui répondent aux besoins des clients soucieux de l'environnement. Cela inclut des comptes d'épargne verts, des prêts pour des rénovations écologiques, et des fonds d'investissement axés sur des entreprises respectueuses de l'environnement.

Exemples :

- **Prêts Écologiques :** Des produits de prêt à taux réduit peuvent être offerts pour l'achat de maisons écologiques ou de véhicules électriques, encourageant ainsi les consommateurs à faire des choix durables.

- **Obligations Vertes** : Des obligations peuvent être émises pour financer des projets d'infrastructure durable, comme la construction de bâtiments à énergie positive.

C 3 - Sensibilisation et Éducation des Clients

Rôle Pédagogique des Banques

Les banques de détail peuvent jouer un rôle éducatif essentiel en sensibilisant leurs clients aux enjeux du développement durable. Cela peut se faire à travers des ateliers, des webinaires, et des ressources en ligne qui expliquent comment les choix financiers peuvent avoir un impact positif sur l'environnement.

Exemples :

- **Ateliers sur l'Économie Circulaire :** Des sessions d'information peuvent être organisées pour expliquer comment les clients peuvent réduire leur empreinte écologique tout en économisant de l'argent.

- **Outils de Simulation :** Des outils en ligne peuvent être proposés pour aider les clients à visualiser l'impact de leurs investissements dans des projets durables, renforçant ainsi leur engagement envers des choix responsables.

C 4 - Engagement auprès des Parties Prenantes

Collaboration avec les Acteurs Locaux

Les banques de détail peuvent s'engager activement avec les parties prenantes, y compris les ONG, les gouvernements locaux et les entreprises, pour promouvoir des initiatives de développement durable. Ce type de collaboration peut renforcer la confiance et la transparence dans le secteur.

Exemples :

- **Partenariats avec des ONG :** Des collaborations peuvent être établies avec des organisations non gouvernementales pour financer des projets de reforestation ou de conservation de l'eau, montrant ainsi un engagement envers la durabilité.

- **Soutien aux Startups Vertes :** Des programmes de mentorat peuvent être créés pour soutenir les startups qui développent des technologies propres, favorisant l'innovation et la croissance économique durable.

C 5 - Mesure et Reporting de l'Impact

Transparence et Responsabilité

Pour gagner la confiance des clients et des investisseurs, les banques doivent être transparentes sur leurs pratiques de financement durable. Cela inclut la publication de rapports sur l'impact environnemental et social de leurs activités, ainsi que l'établissement d'indicateurs de performance clairs.

Exemples :

- **Rapports de Durabilité :** Des rapports détaillant les efforts en matière de financement durable peuvent être publiés, y compris des chiffres sur les investissements dans les énergies renouvelables et les réductions d'émissions.

- **Indicateurs de Performance :** Les banques peuvent développer des indicateurs pour mesurer l'impact de leurs produits financiers verts, comme le nombre de prêts accordés pour des projets écologiques ou la quantité de CO2 évitée grâce à ces financements.

Les banques de détail ont un rôle essentiel à jouer dans la transition vers une économie durable. En intégrant des pratiques de financement durable dans leurs opérations, en développant des produits financiers responsables, et en éduquant leurs clients, elles peuvent non seulement contribuer à un avenir plus vert, mais aussi renforcer leur propre résilience et compétitivité. Le développement durable n'est pas seulement une responsabilité sociale, mais aussi une opportunité stratégique pour le secteur bancaire dans un monde en constante évolution.

Baromètre des tendances de la finance durable

Les jeunes générations démontrent un intérêt de plus en plus grand dans les investissements durables

Seriez-vous prêt à accepter des prix plus élevés pour que vos produits bancaires soient plus durables ?

28% De 18 à 24 ans
23% De 44 à 54 ans
18% 55 ans et plus
(Plutôt) Oui

60% De 18 à 24 ans
68% De 44 à 54 ans
76% 55 ans et plus
(Plutôt) Non

Un manque continu d'information sur les produits durables offerts par les banques

Votre banque offre-t-elle des produits durables ?

Oui
25%
25%

Non
7%
6%

Je ne sais pas
58%
62%

2019   2021   2022

Acheter la sécurité : top 4 des critères de décision

Quelle est votre principal critère de décision lorsque vous achetez des actions/obligations/fonds ?

% 0   10   20   30   40   50

Sécurité
34%
31%
32%

Rentabilité
25%
20%
22%

Prix / coûts
23%
14%
9%

Durabilité
5%
5%
4%

De 18 à 24 ans
De 44 à 54 ans
55 ans et plus

La volonté de payer des frais plus élevés reste basse

Accepteriez-vous de payer un supplément sur les frais de gestion de compte pour que votre banque investisse davantage sur des projets durables ?

62%   64%   67%
33%   29%   26%

2019   2021   2022

Plutôt oui   Plutôt non

La durabilité est un motif de changement de banque

Changeriez-vous de banque si cela vous permettait d'avoir un portefeuille plus large en termes de durabilité ?

Oui, immédiatement !
Oui, si les conditions ne sont pas moins bonnes qu'avec ma banque actuelle
Peut-être, si la variété de produits durables me plaît
Non, je ne changerai pas de banque juste parce qu'une autre banque a un portefeuille plus durable
Aucune de ces réponses

40
35%   38%
30   30%   32%
26% 26%   28%
20   24%   20%
10   7%   6%   7%   6%   8%   7%
0 %
2019   2021   2022

Pourcentage des personnes interrogées ayant répondu « Oui, si les conditions ne sont pas moins bonnes qu'avec ma banque actuelle », par âge :

34% 18 à 24 ans
34% 25 à 34 ans
27% 35 à 44 ans
27% 44 à 54 ans
25% 55 ans et plus

Les chiffres sont représentatifs de la population suisse âgée de 18 ans et plus.

BearingPoint.

D - Le cadre règlementaire

Le cadre réglementaire relatif au développement durable constitue une pierre angulaire essentielle pour le secteur bancaire, agissant comme un catalyseur pour l'adoption de pratiques financières à la fois responsables et durables. Ce cadre comprend un ensemble de lois, directives et régulations conçues pour orienter les actions des institutions financières en tenant compte des enjeux environnementaux, sociaux et de gouvernance (ESG). L'analyse suivante met en lumière les composantes clés de ce cadre, tout en offrant des exemples concrets qui illustrent son application et ses implications.

L'objectif fondamental du cadre réglementaire est d'inciter les banques et autres institutions financières à intégrer les considérations ESG dans leur processus décisionnel. Cela implique non seulement la promotion de projets qui facilitent la transition vers une économie à faibles émissions de carbone, mais également le respect des engagements pris au niveau international, comme ceux formulés dans l'Accord de Paris. En intégrant ces critères, les institutions financières peuvent contribuer à atténuer les risques associés au changement climatique et à la dégradation de l'environnement, tout en s'assurant que leurs pratiques répondent aux attentes croissantes des investisseurs et des consommateurs.

Ce cadre réglementaire favorise également un climat de confiance, tant pour les investisseurs que pour les clients. En garantissant que les fonds sont gérés de manière responsable, il ouvre la voie à des investissements durables, essentiels pour la création d'un avenir financier stable et respectueux de l'environnement.

De nombreuses régulations ont été mises en place pour encadrer les pratiques financières. Parmi celles-ci, la Taxonomie Européenne se distingue par sa capacité à définir clairement quelles activités peuvent être considérées comme durables. Cette réglementation établit des critères précis permettant d'identifier les projets d'énergie renouvelable, tels que l'énergie solaire et éolienne, et facilite ainsi leur financement. En réduisant les ambiguïtés liées à la durabilité, elle contribue à la lutte contre le greenwashing, permettant aux investisseurs de faire des choix éclairés.

Le Sustainable Finance Disclosure Regulation (SFDR) représente une autre avancée significative. Ce règlement impose aux institutions financières de fournir des informations transparentes sur les produits d'investissement en matière de durabilité. Par exemple, les banques doivent révéler comment leurs investissements contribuent à des objectifs de durabilité, permettant ainsi aux investisseurs de mieux évaluer les impacts environnementaux et sociaux de leurs choix.

La Corporate Sustainability Reporting Directive (CSRD), qui remplace la NFRD, oblige les entreprises à produire des rapports détaillés sur leurs performances en matière de durabilité. Cela inclut des informations sur les impacts environnementaux, sociaux et de gouvernance, renforçant ainsi la responsabilité des institutions vis-à-vis de leurs parties prenantes.

L'intégration des critères ESG est désormais devenue une obligation réglementaire dans le secteur bancaire. Les banques doivent non seulement évaluer comment elles prennent en compte ces critères dans leurs décisions d'octroi de crédit et d'investissement, mais également en rendre compte de manière transparente. Cela peut inclure des audits réguliers et des rapports de performance qui sont examinés par des entités indépendantes pour assurer leur conformité.

Des études de cas révèlent des exemples pratiques de cette intégration. Certaines institutions financières ont mis en place des systèmes de notation pour évaluer les projets en fonction de leur impact environnemental et social. Cela leur permet de diriger leurs investissements vers des initiatives à faible empreinte carbone, contribuant ainsi à la réduction des émissions de gaz à effet de serre. De telles pratiques ne se limitent pas à la conformité réglementaire ; elles renforcent également la position de ces banques sur le marché en répondant à une demande croissante pour des investissements responsables.

Les régulations au sein de l'Union européenne sont souvent façonnées par des initiatives internationales. L'Accord de Paris, par exemple, a incité l'établissement de normes plus strictes concernant la réduction des émissions de gaz à effet de serre. Les banques jouent un rôle central dans le financement de projets verts, tels que les infrastructures de transport durable et les technologies de capture du carbone. Ces projets sont essentiels non seulement pour atteindre les objectifs de durabilité, mais également pour assurer la résilience économique à long terme.

Un exemple pertinent pourrait être l'octroi de financements pour des projets d'infrastructure visant à améliorer l'efficacité énergétique des systèmes de transport public. Ce type d'engagement démontre comment les institutions financières peuvent s'investir activement dans des projets qui favorisent la durabilité tout en générant des rendements économiques durables.

Se conformer au cadre réglementaire offre aux banques des avantages concurrentiels significatifs. En adoptant des pratiques conformes aux régulations, elles peuvent non seulement améliorer leur image de marque, mais également attirer une clientèle de plus en plus soucieuse de la durabilité. Les certifications et labels de durabilité, qui attestent de l'engagement des institutions envers des pratiques financières responsables, contribuent également à renforcer la confiance des clients et des investisseurs.

En outre, l'adoption de ces régulations peut stimuler l'innovation dans le secteur. Les banques sont incitées à développer de nouveaux produits financiers adaptés aux besoins du marché, tels que des outils de financement spécialement conçus pour soutenir des projets de développement durable. Ces nouvelles initiatives peuvent offrir un avantage stratégique sur un marché de plus en plus axé sur la durabilité.

En somme, le cadre réglementaire en matière de développement durable dans le secteur bancaire constitue un levier essentiel pour favoriser des pratiques financières responsables. En intégrant les critères ESG et en respectant les exigences de transparence, les banques non seulement participent à la lutte contre le changement climatique, mais se positionnent également favorablement sur un marché de plus en plus tourné vers la durabilité. Les régulations, telles que la Taxonomie Européenne et le

SFDR, illustrent concrètement comment le secteur financier peut évoluer vers des pratiques durables, tout en offrant des opportunités de croissance et de compétitivité. L'engagement des institutions financières à se conformer à ce cadre réglementaire pourrait jouer un rôle déterminant dans la transition vers une économie plus responsable et durable.

OBJECTIFS CLIMATIQUES & ENVIRONNEMENTAUX

2022

I. Atténuation du changement climatique

2. Adaptation au changement climatique

2023

3. Utilisation durable et protection des ressources aquatiques et maritimes

4. Transition vers une économie circulaire

5. Prévention et réduction de la pollution

6. Protection et restauration de la biodiversité et des écosystèmes

90 ACTIVITÉS ÉCONOMIQUES

- Sylviculture
- Industrie manufacturière
- Énergie
- Restauration et protection de l'environnement
- Gestion de l'eau et des déchets
- Construction et immobilier
- Transports
- Information et communication
- Finance et assurance
- Science et technique
- Enseignement
- Sciences humaines et action sociale

COMMENT ÊTRE « VERT » ?

I. Être éligible
Activité couverte par la Taxonomie

2. Avoir un impact positif important
Activité contribuant substantiellement à un des objectifs climatiques et environementaux

3. Pas d'impact négatif significatif
Activité ne causant pas de préjudice significatif aux objectifs climatiques et environnementaux

4. Garanties minimales
Activité respectant certaines conventions internationales

ENVIRONNEMENTAL

émissions de CO2, consommation d'électricité, recyclage des déchets, atténuation du changement climatique, etc.

SOCIAL

qualité du dialogue social, emploi des personnes handicapées, formation des salariés, amélioration des conditions de travail, etc

GOUVERNANCE D'ENTREPRISE

transparence de la rémunération des dirigeants, lutte contre la corruption, lutte contre les inégalités, féminisation des conseils d'administration, etc

ENVIRONNEMENT

- Changements climatiques et émissions de carbone
- Efficacité énergétique
- Conception et cycle de vie des produits
- Approvisionnement et efficacité des matériaux
- Gestion des déchets et économie circulaire
- Gestion de la chaîne d'approvisionnement

SOCIAL

- Satisfaction de la clientèle
- Genre et diversité
- Engagement des employés
- Relations communautaires
- Droits de l'Homme
- Normes du travail
- Sécurité et qualité des produits

GOUVERNANCE

- Composition du conseil
- Protection des données et respect de la vie privée
- Structure du comité de vérification
- Corruption
- Éthique commerciale

E - Les particularités du développement durable dans la banque de détail dans les pays suivants : Allemagne, Japon, chine et Canada

La finance durable englobe diverses pratiques telles que les approches bancaires responsables, les fonds philanthropiques et l'investissement éthique. Au sein des banques de détail, elle se manifeste principalement à travers trois concepts clés : la finance solidaire, la finance socialement responsable et la finance verte. L'évaluation de ces dimensions repose sur l'analyse de l'offre de produits et de services financiers des banques de détail, ainsi que sur le volume de leurs investissements dans des thématiques et secteurs durables.

E 1 - Le développement durable dans la banque de détail en Allemagne

Si l'Allemagne est dotée d'une économie particulièrement dynamique et qui représente plus de 20% du PIB de l'Union européenne, le secteur bancaire du pays est très fragmenté.

Caractérisé par une concurrence très intense et rude, le marché bancaire allemand, qui se trouve être le marché bancaire le plus large de l'Europe, est animé par plus de 1 800 établissements dont la plupart sont des coopératives de crédit, de petites banques mutualistes et des banques proposant des services d'épargne locale et de crédit. Ceci indique clairement que la banque de détail allemande peut jouer un rôle très important dans l'adoption de la finance durable par les épargnants.

D'après les estimations de l'Union européenne, le pays devra mobiliser jusqu'à 3 000 milliards d'euros d'ici à l'année 2050 pour soutenir les efforts de décarbonisation du système énergétique en cours. Or, puisque ces investissements importants ne peuvent pas être exclusivement assurés par les budgets publics, la mobilisation de financements privés devient une nécessité. L'insuffisance des fonds collectés jusqu'à présent positionne les institutions financières allemandes, et particulièrement la banque de détail comme des intermédiaires financiers de front dans la lutte pour le développement durable. Celles-ci collectent les ressources auprès des particuliers et des entrepreneurs en fournissant une large gamme de produits adaptés à chaque profil et type d'investisseur. Les banques de détail regroupent les petits dépôts et les canalisent vers la transition énergétique.

De plus, si les clients particuliers des banques allemandes affichent un intérêt croissant pour la finance verte, les épargnants du pays démontrent un intérêt très prononcé et croissant pour les produits d'épargne à faible niveau de risque. Mais en matière de climat et d'énergie, l'offre de financement est majoritairement déterminée par les cadres réglementaires sous-jacents. En Allemagne, ce sont les réglementations européennes et nationales qui s'appliquent. D'ailleurs, le cadre réglementaire allemand, les lois nationales mettent principalement en œuvre les réglementations de l'UE, de sorte qu'aucune disposition nationale ou régionale importante ne vient en complément de la législation européenne.

Pour étudier le cas spécifique de l'Allemagne, nous avons été particulièrement intéressés par une riche étude effectuée par des chercheurs spécialisés dans les questions relatives à la transition énergétique. Dans leur étude, les chercheurs notent que l'offre de produits financiers verts en Allemagne est limitée par des considérations de risque notamment en ce qui concerne la liquidité des banques, la protection du risque et l'information des clients de la banque de détail.

En ce sens, c'est au secteur bancaire qu'il revient de décider quels produits financiers verts seront promus et proposés aux clients de détail. Dans leur étude du profil des produits financiers proposés aux clients de détail en Allemagne, les chercheurs ont procédé à l'analyse des informations accessibles au public sur les sites web des banques et les états financiers d'un échantillon représentatif de banques allemandes sélectionné au sein de la population des établissements bancaires figurant dans le registre central de la banque centrale allemande, lequel répertorie près de 1500 établissements bancaires. Dans le cadre de l'étude, exclusion a été faite des banques régionales publiques qui n'interagissent pas directement avec les clients de détail.

Les chercheurs ont révélé à l'issue de leur analyse une absence généralisée de produits d'investissement verts destinés aux petites et moyennes entreprises en Allemagne. En effet, près d'un quart (76 ou 23 %) des banques échantillonnées ne proposaient aucun produit d'investissement lié à la transition énergétique. La majorité d'entre elles (190, soit 59 %) se contentent de relayer ou de négocier des produits d'investissement liés à la transition énergétique proposés par des prestataires de services de gestion d'actifs. Par ailleurs, si 46 banques, soit 14 %, proposent des produits dont les flux d'investissement restent en partie en Allemagne, seuls 17 (5 %) des produits d'investissement des banques se concentrent uniquement sur la transition énergétique allemande. Le fait que seulement 5 % des banques de l'échantillon offrent aux petits et moyens investisseurs la possibilité de participer directement à la transition énergétique nationale montre à quel point ce marché est encore considéré comme une niche.

Cependant, on remarque que cette niche est fortement exploitée par les banques spécialisées dans le développement durable, puisque 41 % d'entre elles proposent des produits d'investissement dédiés. De plus, l'offre de produits financiers durables proposée par les caisses d'épargne et les banques coopératives aux clients de détail est nettement plus petite que celle que proposent les banques de développement durable. On retient donc que même si les clients particuliers des banques allemandes affichent un intérêt croissant pour la finance verte, les banques allemandes, à l'exception des banques de développement durable, sont quelque peu réticentes à proposer des investissements financiers durables, une tendance qui se reflète clairement dans la gamme limitée de produits financiers proposés.

En ce qui concerne les produits financiers promus qui permettent aux clients de détail d'investir dans la transition vers l'énergie propre, les chercheurs ont découvert que les ISR représentent la catégorie de produits la plus consommée. Les fonds d'ISR sont proposés par 211 soit 64 % des institutions bancaires de l'échantillon. Au total, 210 banques (soit 64 % de l'échantillon) proposent des « prêts verts » qui permettent aux particuliers d'investir dans des projets de rénovation énergétique dans le secteur immobilier. De même, 133 autres banques (soit 40 % de l'échantillon) commercialisent des prêts à des conditions préférentielles accordés par la banque de développement. Les autres catégories de produits sont plutôt rares. En effet, seules six banques (soit 2 %) proposent des obligations vertes, tandis que 11 autres institutions (soit 3 %) offrent des produits de taux d'intérêt éthiques, sociaux ou environnementaux. Ceux-ci sont généralement proposés sous forme de bons de caisse, de dépôts à terme ou de plans d'épargne classiques.

Ceci étant, il convient de noter qu'une grande banque a récemment annoncé dans un communiqué sa volonté de s'aligner sur l'objectif Net Zéro pour 2030 et 2050 et a révélé son intention de réduire les quantités d'émissions de carbone à l'horizon 2030. La méthode choisie est de procéder par une élimination progressive et coordonnée du recours à l'énergie fossile dans les portefeuilles de prêts liés à quatre secteurs clés reconnus comme les plus grands émetteurs de carbone à savoir le secteur de la production de l'électricité, le secteur de la production de l'acier, le secteur de l'automobile, le secteur pétrolier et le secteur gazier. Elle a également entamé des efforts en vue d'une réduction progressive de l'empreinte carbone des portefeuilles de prêts, un accompagnement des projets portant sur les technologies à faible intensité de carbone ou à émissions négatives comme les projets de capture de carbone, de stockage d'énergie, etc., avec des mesures de conseils et d'incitation des clients à l'investissement durable et à la transition vers une économie à zéro émission nette d'ici à 2050.

La transition énergétique en cours dans le pays a vu l'émergence de nombreux projets à petite échelle tels que les coopératives énergétiques locales. En effet, comme l'indique un expert, l'Allemagne a créé un « environnement à faible risque » qui attire les banques et leurs clients particuliers en tant que prêteurs. Les petits projets durables du pays sont basés sur des solutions d'énergie renouvelable ou d'efficacité énergétique qui nécessitent un financement initial. Ils bénéficient donc d'un soutien important de la part du gouvernement, tel que le soutien des banques publiques ou des tarifs de rachat fixes mis en place par le gouvernement.

Ces deux mesures de soutien réduisent considérablement le risque d'investissement.

OBJECTIFS DE DÉVELOPPEMENT DURABLE
1 PAS DE PAUVRETÉ
2 FAIM «ZÉRO»
3 BONNE SANTÉ ET BIEN-ÊTRE
4 ÉDUCATION DE QUALITÉ
5 ÉGALITÉ ENTRE LES SEXES
6 EAU PROPRE ET ASSAINISSEMENT
7 ÉNERGIE PROPRE ET D'UN COÛT ABORDABLE
8 TRAVAIL DÉCENT ET CROISSANCE ÉCONOMIQUE
9 INDUSTRIE, INNOVATION ET INFRASTRUCTURE
10 INÉGALITÉS RÉDUITES
11 VILLES ET COMMUNAUTÉS DURABLES
12 CONSOMMATION ET PRODUCTION RESPONSABLES
13 MESURES RELATIVES À LA LUTTE CONTRE LES CHANGEMENTS CLIMATIQUES
14 VIE AQUATIQUE
15 VIE TERRESTRE
16 PAIX, JUSTICE ET INSTITUTIONS EFFICACES
17 PARTENARIATS POUR LA RÉALISATION DES OBJECTIFS
OBJECTIFS DE DÉVELOPPEMENT DURABLE

E 2 - Le développement durable dans la banque de détail au Japon

Même s'il serait exagéré de présenter le Japon comme un leader en matière de finance durable, le pays a connu, ces deux dernières années, de nombreuses initiatives, tant publiques que privées, destinées à aligner le système financier japonais sur la durabilité. Ainsi, le Japon est passé d'un pays où les taux d'engagement ESG des entreprises étaient faibles et où les investisseurs avaient du mal à obtenir et à évaluer les données ESG au niveau de l'entreprise, à l'un des marchés ayant une des croissances les plus rapides en matière d'investissement responsable.

Au Japon, les principales initiatives politiques visant à promouvoir la finance durable ont été lancées par le ministère japonais de l'Environnement, lequel continue à jouer un rôle important dans ce domaine. Un élan notoire a été donné en mai 2016 à la question de la promotion de la durabilité dans toutes les branches du gouvernement avec la création de la « SDGs Promotion Headquarters », un organe du Cabinet présidé par le Premier ministre et composé de tous les ministres du gouvernement et de représentants des agences gouvernementales concernées.

En janvier 2020, 77 organisations japonaises, dont 45 gestionnaires d'investissement, 20 propriétaires d'actifs et 12 prestataires de services, ont adhéré aux Principes pour l'investissement responsable (PRI). Toutefois, jusqu'à tout récemment, l'intérêt des institutions financières est resté limité malgré les efforts du gouvernement pour promouvoir l'investissement durable et responsable. En décembre 2021, la Banque du Japon a franchi une étape bienvenue en lançant un programme de prêts liés au changement climatique, offrant un financement à taux zéro aux prêteurs qui investissent dans des initiatives vertes et soutiennent des projets tels que les énergies renouvelables.

Cependant, l'un des principaux obstacles à l'intégration effective du développement durable dans la banque de détail au Japon est l'absence de taxonomie verte dans le pays. Les obligations vertes liées au développement durable et de transition émises au Japon sont principalement basées sur les lignes directrices de l'Association internationale des marchés de capitaux. Et dans ce cas, l'examen et le rapport externes ne sont pas des exigences, mais de simples recommandations. En fait, pour le moment, le Japon ne dispose pas d'une taxonomie environnementale comme c'est le cas au sein de l'Union européenne. En conséquence, un certain niveau d'incertitude plane toujours en ce qui concerne le degré de durabilité des investissements, car on ne saurait savoir clairement comment les activités financées par les institutions bancaires contribuent à favoriser l'atteinte de l'objectif légalement contraignant de neutralité carbone du Japon à l'horizon 2050 et à la réduction de ses émissions de carbone associées de 46% à l'horizon 2030.

Plutôt que d'adopter une approche taxonomique, le Japon a choisi une voie unique en mettant en place un cadre directeur sur le financement de la transition et en élaborant des feuilles de route associées basées sur la technologie pour les secteurs difficiles à abattre tels que l'acier, le ciment, l'électricité, le pétrole et le gaz, tout en mettant l'accent sur le financement de la transition.

La politique énergétique et les plans de réduction des émissions du Japon. En 2021, le gouvernement a annoncé son intention d'augmenter la part des énergies renouvelables (solaire, éolienne, biomasse, hydrogène et géothermie) et de l'énergie nucléaire entre 2020 et 2030 - de près de 20 % à 36-38 % et de près de 4 % à 20-22 % respectivement. En revanche, les parts du gaz naturel liquide et du charbon devraient passer de 39 % à 20 % et de 31 % à 19 %. Le Japon a prévu d'éliminer progressivement les centrales électriques au charbon inefficaces tout en conservant celles qui sont très efficaces.

Dans la feuille de route du gouvernement en matière d'énergie, on lit que le volume des émissions de gaz à effet de serre provenant des combustibles fossiles sera réduit grâce à l'utilisation de l'ammoniac, de l'hydrogène, de la biomasse et de la capture et du stockage du carbone.

Enfin, en juillet 2021, la Banque du Japon a annoncé son intention de rester neutre vis-à-vis du marché en ce qui concerne la politique monétaire et d'éviter autant que possible de s'impliquer directement dans l'allocation des ressources au niveau microéconomique.

Cette approche diffère de celle de la Banque centrale européenne qui a souligné la nécessité de passer de la neutralité du marché à la neutralité carbone en termes de réinvestissement des achats d'obligations d'entreprises. Cela signifie que la Banque du Japon n'a pas l'intention d'introduire des normes environnementales pour l'achat ou le réinvestissement d'obligations d'entreprises, de billets de trésorerie et de fonds négociés en bourse. Cette approche pourrait être inversée à l'avenir, une fois que les entreprises et le public comprendront mieux les risques liés au changement climatique et que des progrès auront été réalisés en matière d'obligations d'information dans l'ensemble de l'économie.

Malgré ces problèmes, le programme de prêts verts reste un développement bienvenu dans la progression du Japon vers la réalisation des objectifs de l'Accord de Paris, même s'il ne représente encore qu'une infime partie des carnets de prêts de la Banque du Japon.

Il reste également à voir quelle a été son efficacité en matière de promotion des investissements durables et de réduction des émissions de carbone. En attendant, les statistiques nous éclairent. En 2023 par exemple, le nombre d'obligations vertes émises par des entités japonaises est passé à 120. Au cours de cette même année 2023, les émissions de prêts verts au Japon s'élevaient à près de 919 milliards de yens japonais, alors qu'elles étaient de 779,5 milliards de yens l'année précédente. Ce montant est un record jamais atteint depuis le premier prêt vert émis au Japon en 2017. Statista Research Department révèle également que si la première obligation verte au Japon a été émise en 2014, la valeur des obligations vertes émises par des entités japonaises a atteint près de 2,97 trillions de yens japonais en 2023, contre 2,03 trillions de yens l'année précédente2.

Par ailleurs, un sondage réalisé entre le 12 et le 15 juillet 2023 par Statista Research Department auprès de 5000 répondants âgés de 20 ans et plus a révélé que plus de la moitié des détenteurs de titres au Japon n'ont pas connaissance des investissements ESG. Moins de 4% de ces détenteurs de titres au Japon avaient déjà réalisé des investissements ESG

E 3 - Le développement durable dans la banque de détail en Chine

Si la Chine est reconnue comme l'économie la plus forte du monde en termes de parité de pouvoir d'achat, elle est aussi la plus grande émettrice annuelle de gaz à effet de serre et en même temps le plus grand marché d'énergie renouvelable du monde.

Ainsi, on peut noter que les investissements basés en Chine constituent une part importante d'un portefeuille d'investissement institutionnel ou de détail pour les opportunités vertes et de décarbonisation. Le gouvernement du pays ayant pris conscience de l'impact des questions environnementales a proposé, lors de la 75e Assemblée générale des Nations unies, d'atteindre le pic de carbone à l'horizon 2030 et la neutralité carbone à l'horizon 2060

En 2018, la Chine possédait plus de 50% du parc mondial de véhicules électriques. À la fin de 2021, elle disposait d'une capacité solaire installée de 306 GW et d'une capacité éolienne installée de 328 GW. En 2023, l'Administration nationale de l'énergie de Chine avait publié un communiqué déclarant que les installations nationales d'énergie renouvelable de la Chine qui avaient déjà atteint 1,4 TW dépasseraient 1,45 TW et que les installations d'énergie éolienne et solaire dépasseraient 1 TW vers la fin de l'année1. Par ailleurs, les entreprises basées en Chine produisent plus de 72 % des modules solaires, 69 % des batteries lithium-ion et 45 % des éoliennes. En revanche, la production nationale de gaz et de charbon est en hausse. La production de charbon au cours des deux premiers mois de 2021 a augmenté de plus de 10 % par rapport à 2020. Ainsi, la voie chinoise consistant à augmenter simultanément l'énergie propre et l'énergie sale reflète celle des États-Unis et de l'Europe.

Le capital-risque continue d'inonder le marché chinois des transactions liées au climat. Malgré un ralentissement général du capital-risque en Chine, en particulier dans certains secteurs tels que l'éducation à but lucratif, plus de 8,5 milliards de dollars ont été investis dans des startups chinoises du secteur des technologies propres en 2021.

Par ailleurs, entre 2018 et 2022, la répartition des obligations vertes onshore et offshore a considérablement changé. En 2022, la valeur des obligations vertes émises depuis la Chine s'élevait à 85 milliards de dollars américains, la plus grande part étant émise onshore. De plus, si la valeur des obligations émises offshore a augmenté pour atteindre 13,8 milliards de dollars américains, la valeur des obligations émises onshore a augmenté pour atteindre 71 milliards de dollars américains.

D'après les études de Statista Research Department, le marché de la banque de détail traditionnelle en Chine devrait connaître une augmentation substantielle des revenus nets d'intérêts, atteignant 2,33 milliards de dollars américains en 2024.

Avec une classe moyenne de plus de 400 millions de personnes, le marché chinois de la banque de détail et de l'investissement est mûr pour l'innovation en matière de finance durable.

En ce qui concerne les prêts et les produits, près de 4 500 banques commerciales chinoises prennent les devants.

La première banque chinoise cotée en bourse a lancé un prêt photovoltaïque. Une néo-banque est une banque de détail uniquement en ligne au service de l'économie réelle.

Grâce aux Green Bud Points, cette néo-banque encourage le public à réduire les émissions de carbone en enregistrant les comportements écologiques quotidiens et en récompensant ces comportements par des crédits qui peuvent être échangés contre des bons d'achat et des cadeaux. Elle fournit également des crédits pour aider les petites et microentreprises à se procurer des solutions plus écologiques.

En toile de fond de ce contexte de marché se trouve la capacité du gouvernement chinois à tenir ses promesses climatiques sur la scène mondiale, notamment en restant dans l'Accord de Paris.

Les réglementations financières liées au climat, les préférences des consommateurs et les perspectives de croissance ou de rentabilité font partie des ingrédients qui composent un environnement favorable à l'investissement et au prêt écologiques.

En ce qui concerne la réglementation, deux politiques chinoises méritent d'être mentionnées.

Tout d'abord, la Banque populaire de Chine a introduit un mécanisme de réduction des émissions de carbone en 2021, ce qui en fait de loin la première banque centrale au monde en ce qui concerne les risques et les opportunités liés au climat. Dans le cadre de cette facilité, les banques commerciales et de détail peuvent emprunter 60 % des prêts verts admissibles auprès de la banque centrale à un taux d'intérêt de 1,75 %, avec une échéance d'un an et la possibilité de les reconduire deux fois. Étant donné que le taux préférentiel normal des prêts de la Banque centrale de Chine est plus proche de 4 %, la facilité de réduction des émissions de carbone est un avantage significatif pour l'économie verte.

En deuxième lieu, depuis février, toutes les entreprises réglementées en Chine doivent publier en langue chinoise des informations environnementales, y compris celles portant sur les émissions absolues de dioxyde de carbone, sous peine d'une amende pouvant atteindre un montant un peu inférieur à 15 000 dollars. Il faut cependant noter que la réglementation actuellement en vigueur sur la divulgation d'informations sur le climat par les entreprises est quelque peu vague et ne mentionne pas la portée des émissions.

Il faut donc espérer que le ministère de l'Écologie et de l'Environnement fournisse des orientations plus précises

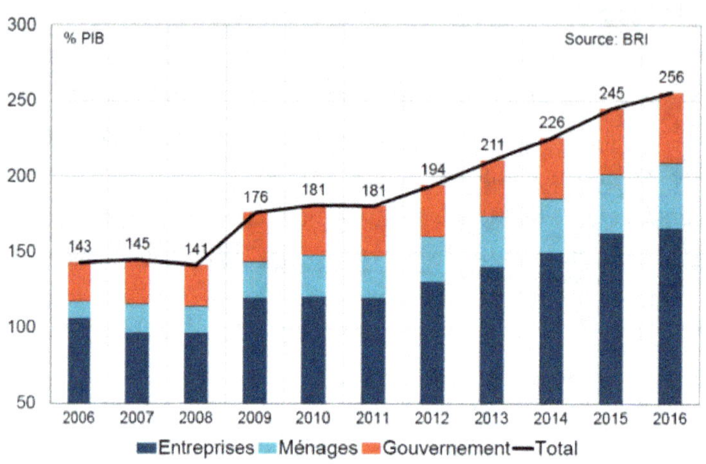

Note: Une partie du *shadow banking* n'est pas comptabilisée dans ces statistiques.

40 %
vers l'Asie

11 %
vers l'ASEAN, soit 174 milliards de dollars

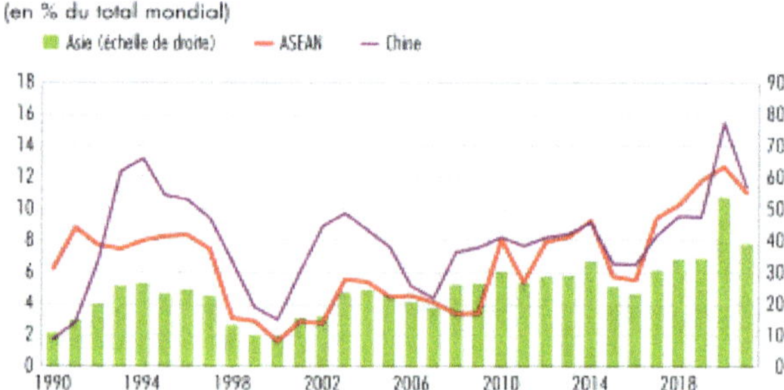

Note : ASEAN, Association des nations de l'Asie du Sud-Est
(Brunei, Cambodge, Indonésie, Laos, Malaisie, Myanmar (ex. Birmanie),
Philippines, Singapour, Thaïlande, Vietnam).
Sources : Conférence des Nations unies sur le commerce et le développement
(Cnuced), calculs de l'auteur.

E 4 - Le développement durable dans la banque de détail au Canada

Au Canada aussi, les banques appréhendent le rôle vital que joue l'industrie financière dans une transition ordonnée vers une économie à faibles émissions de carbone et dans la réduction des risques financiers liés aux changements climatiques. Et s'il a connu une baisse de ses niveaux d'émissions de gaz à effet de serre qui sont passées de 741 millions de tonnes en 2005 à 672 millions de tonnes en 2020, le Canada s'était engagé à réduire de 30 % ses émissions de carbone à l'horizon 2030 par rapport aux niveaux de 2005.

En juillet 2021, le gouvernement a revu cet objectif à la hausse en le plaçant entre 40 et 45 %. À cet effet, la Loi canadienne sur la responsabilité en matière de carboneutralité adoptée le 29 juin 2021 définit des objectifs nationaux intermédiaires à atteindre tous les cinq ans afin de garantir l'atteinte effective des prévisions de carboneutralité à l'horizon. Elle a également prévu la mise en place d'un Groupe consultatif pour les questions liées à la carboneutralité.

C'est dans ce cadre que les banques canadiennes se sont engagées en matière de finance durable pour un total de 2000 milliards de dollars (G$) d'ici 2030. Il est donc évident que le Canada est engagé à réorienter ses investissements et ses capitaux vers la finance durable.

Malheureusement, dans le secteur de la banque de détail qui est composé de près de 5 656 succursales bancaires d'après les chiffres de 2022-2023, la finance durable n'est pas encore très visible. On notera cependant que le système bancaire du pays est caractérisé par un niveau d'accessibilité rare, puisque plus de 99 % de la population adulte canadienne détient un compte dans un établissement bancaire. De plus, dans le secteur du retaille, près de 57 % des Canadiens ne paient pas du tout les frais de services bancaires dans les banques de détail. D'après les statistiques publiées par l'Association des Banquiers Canadiens, près de 78 % des Canadiens effectuent leurs opérations bancaires en ligne ou sur des applications mobiles dédiées, ce qui représente un atout pour la réduction des émissions dues au déplacement vers les succursales qui ne sont fréquentées que par 10 % des consommateurs de la banque de détail.

Le Canada s'avère avoir un système financier très stable et crédible puisque près de 86 % des Canadiens détenteurs de comptes bancaires ont totalement confiance au niveau de sécurité des services que leur proposent leurs banques. Il convient aussi de noter, comme l'indique la fiche d'informations de l'Association des Banquiers Canadiens, qu'en termes d'investissement, les banques canadiennes ont alloué près de 84 milliards de dollars de crédit au secteur agricole qui n'a exploité que 60 milliards de dollars à fin juin 2023.

En ce qui concerne les petites et moyennes entreprises du pays, 280,7 milliards de dollars de crédit ont été accordés par la banque de détail en 2023. Il est donc clair que le secteur de la banque de détail a un potentiel énorme pour influencer les comportements des clients, les particuliers comme les entreprises.

En janvier 2024, l'Autorité des marchés financiers du Québec et la Commission des valeurs mobilières de l'Ontario ont reçu des plaintes de l'Investors for Paris Compliance selon lesquelles les banques canadiennes mentionnent l'expression « finance durable » de manière trop générique sans qu'elle ne soit fondée sur des actions et initiatives pratiques. Cela signifie que les banques de détail canadiennes n'ont pas encore vraiment mis en place des stratégies et des systèmes pour faire de la finance durable une réalité dans leur contexte.

Il faudra donc que les régulateurs prennent des mesures plus pratiques pour les aider à effectuer la transition vers une économie durable et ainsi devenir de véritables acteurs de finance durable.

Par ailleurs, il faudra que les banques de détail mettent en œuvre des mesures pour optimiser leur centrage sur les clients et proposer à ces derniers des expériences numériques plus attrayantes, parce que ceux-ci se montrent plus exigeants qu'il y a dix ans sur la question de la banque digitale. Miser sur la technologie digitale peut être une excellente stratégie pour communiquer facilement avec les clients et les sensibiliser à adopter les produits et les services financiers durables.

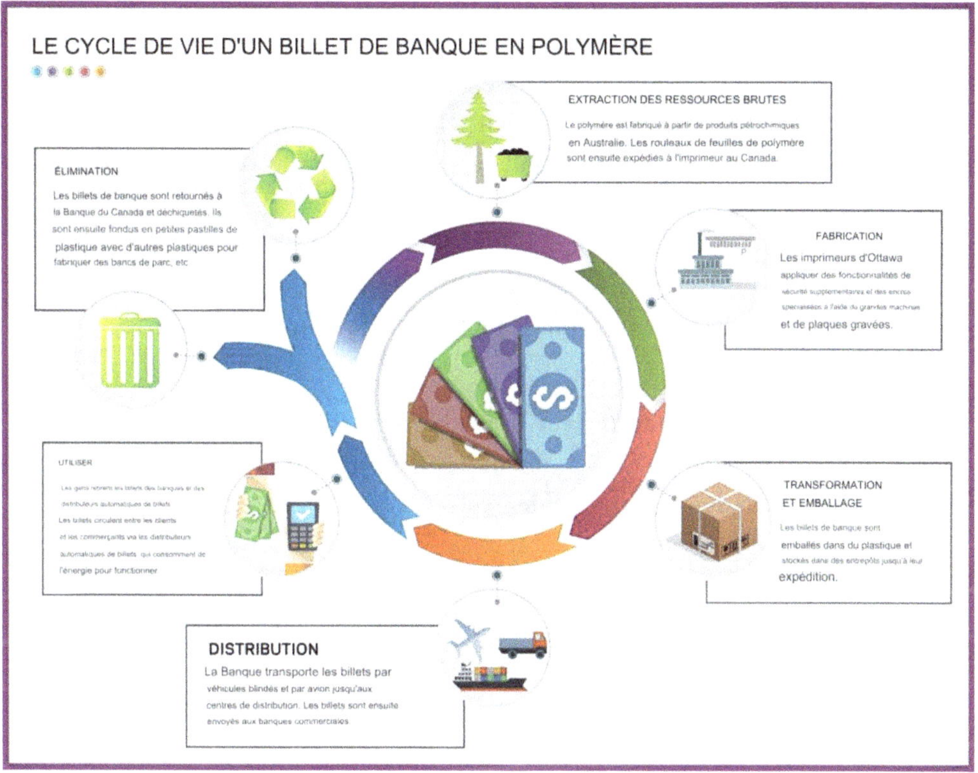

PARTIE 2 – LES ENJEUX DU DÉVELOPPEMENT DURABLE POUR LES BANQUES DE DÉTAIL

Les institutions financières ont un rôle crucial à jouer dans le développement durable en finançant des projets respectueux de l'environnement et en soutenant des initiatives sociales. Bien que de grandes banques affichent sur leurs sites internet des stratégies axées sur le climat ou le développement durable, une enquête révèle que près de 70 % d'entre elles considèrent les critères ESG principalement comme un moyen d'améliorer leur crédibilité et leur réputation. De plus, environ 44 % affirment que ces critères visent à attirer une clientèle plus jeune. Cette divergence entre les intentions affichées et les actions concrètes est significative.

Une étude réalisée par Efma et Avanade, intitulée « Taking sustainability seriously: Are banks ready? », indique que 66,67 % des grandes banques européennes sont plus performantes dans les déclarations et les slogans que dans la mise en œuvre d'actions concrètes. Cette situation découle souvent d'une vision duale des banques de détail concernant le développement durable : elles le perçoivent soit comme une opportunité, soit comme une contrainte. Cette perception joue un rôle déterminant dans la façon dont elles intègrent la finance durable dans leurs opérations.

Il est donc essentiel d'examiner plus en profondeur les motivations et les avantages qui incitent les banques de détail à intégrer le développement durable au cœur de leurs activités.

A - Répondre aux Attentes des Clients

Les banques de détail font face à une demande croissante de la part des clients pour des produits financiers qui respectent les critères environnementaux, sociaux et de gouvernance (ESG). Aujourd'hui, un nombre croissant de consommateurs privilégie les investissements qui non seulement offrent des rendements financiers, mais qui contribuent également à des causes durables. Par exemple, les clients peuvent être attirés par des fonds d'investissement qui financent des projets d'énergie renouvelable ou des initiatives de développement communautaire. Cela pousse les banques à développer des offres alignées sur ces attentes, tout en veillant à ce que leurs propres opérations soient conformes à ces principes.

L'intégration des critères ESG dans les décisions d'investissement est essentielle pour les banques de détail. Cela implique une évaluation rigoureuse de l'impact environnemental et social des entreprises dans lesquelles elles choisissent d'investir. Par exemple, une banque pourrait choisir de ne pas financer une entreprise dont les pratiques nuisent à l'environnement, même si elle présente des résultats financiers solides. Cette approche permet non seulement de gérer les risques à long terme, mais aussi d'améliorer la réputation de la banque auprès des clients soucieux de l'impact de leurs investissements.

A 1 - Conformité Réglementaire

Les banques de détail doivent également naviguer dans un paysage réglementaire de plus en plus complexe en matière de développement durable. Les organismes de réglementation imposent des exigences strictes en matière de transparence et de reporting ESG. Par exemple, la réglementation SFDR (Sustainable Finance Disclosure Regulation) en Europe oblige les institutions à divulguer des informations détaillées sur la durabilité de leurs produits et investissements. Cela nécessite des investissements dans des systèmes de reporting et de gestion des données, mais cela peut également offrir une opportunité pour les banques de se positionner comme des leaders dans la finance durable.

A 2 - Rôle Actif dans la Communauté

Les banques de détail ont un rôle clé à jouer dans la promotion du développement durable au niveau local. Elles peuvent soutenir des initiatives communautaires en finançant des projets verts, tels que des rénovations énergétiques ou l'achat de véhicules électriques. Par exemple, en offrant des prêts à taux réduit pour des projets de durabilité, les banques peuvent non seulement contribuer à la réduction de l'empreinte carbone, mais aussi renforcer leurs liens avec la communauté locale et attirer de nouveaux clients.

Le développement durable n'est pas seulement un défi, mais aussi une opportunité pour les banques de se différencier sur le marché. En intégrant les critères ESG dans leurs opérations et en développant des produits financiers innovants, les banques peuvent non seulement améliorer leur performance financière à long terme, mais aussi contribuer à un avenir plus durable. Par exemple, le développement de produits d'investissement socialement responsables (ISR) peut attirer une nouvelle clientèle soucieuse de l'impact de ses choix financiers.

Le développement durable représente un enjeu crucial pour les banques de détail, qui doivent s'adapter aux attentes croissantes des clients, intégrer des critères ESG dans leurs décisions d'investissement, se conformer à des réglementations strictes et jouer un rôle actif dans leurs communautés. En abordant ces défis avec une vision proactive, les banques peuvent non seulement renforcer leur position sur le marché, mais aussi contribuer à un avenir plus durable pour tous.

A 3 - L'évolution des attentes des parties prenantes

Les clients des institutions financières, qu'ils soient particuliers ou entreprises, prennent de plus en plus conscience de l'impact de leurs choix financiers sur l'environnement et la société. Ils recherchent désormais des produits financiers qui non seulement offrent un rendement attractif, mais qui sont également alignés sur leurs valeurs éthiques. Par exemple, un particulier pourrait choisir un fonds d'investissement qui exclut les entreprises impliquées dans les énergies fossiles, tandis qu'une entreprise pourrait opter pour des prêts verts pour financer des projets durables. Les banques de détail doivent donc adapter leur offre pour répondre à cette demande croissante de produits financiers responsables.

Pour illustrer cela, prenons le cas d'une banque qui propose un compte d'épargne écologique. Ce type de compte permet aux clients de savoir que leur argent est investi dans des projets respectueux de l'environnement, comme les énergies renouvelables ou les initiatives de reforestation. De plus, certaines banques offrent des cartes de crédit qui compensent les émissions de carbone générées par les achats des clients, en finançant des projets de réduction des émissions.

Parallèlement, les régulateurs imposent des normes de plus en plus strictes en matière de durabilité. Les institutions financières sont tenues de se conformer à ces régulations sous peine de sanctions. Cela inclut, par exemple, l'obligation de publier des rapports de durabilité détaillant les actions entreprises pour réduire leur empreinte carbone. Ces rapports peuvent inclure des informations sur les initiatives de réduction des émissions de gaz à effet de serre, les investissements dans les énergies renouvelables, et les efforts pour améliorer l'efficacité énergétique des opérations bancaires. En se conformant à ces régulations, les banques non seulement évitent les sanctions, mais elles renforcent également leur réputation auprès des clients soucieux de l'environnement.

Prenons un exemple concret : une banque pourrait décider de réduire son empreinte carbone en modernisant ses bâtiments pour les rendre plus écoénergétiques. Cela pourrait inclure l'installation de panneaux solaires sur les toits, l'utilisation de systèmes de chauffage et de refroidissement plus efficaces, et la mise en place de politiques de réduction des déchets. En outre, la banque pourrait investir dans des technologies numériques pour réduire la nécessité de déplacements physiques, contribuant ainsi à la réduction des émissions de gaz à effet de serre.

Les institutions financières doivent non seulement répondre aux attentes croissantes de leurs clients en matière de durabilité, mais aussi se conformer aux régulations imposées par les autorités. En adoptant des pratiques durables, elles peuvent non seulement éviter les sanctions, mais aussi attirer et fidéliser une clientèle de plus en plus soucieuse de l'impact de ses choix financiers sur l'environnement et la société.

B - Le développement durable comme une nécessité pour la banque de détail

L'intégration du développement durable dans les opérations des banques de détail est devenue une exigence incontournable. Au cours des dernières années, les gouvernements et organismes de réglementation ont mis en place des normes strictes concernant les questions environnementales et de durabilité, incitant les banques à adapter leurs pratiques pour se conformer aux lois en vigueur. Cette pression pour agir en faveur du climat émerge de divers acteurs, allant des régulateurs aux consommateurs, plaçant ainsi le développement durable au cœur des priorités bancaires.

B1 - La pression des régulateurs nationaux et mondiaux

Face à l'urgence climatique, les institutions financières subissent des pressions croissantes pour respecter des régulations de plus en plus strictes. Les banques qui ne s'alignent pas avec ces exigences risquent de perdre leur compétitivité. Les régulateurs européens et américains intensifient leurs efforts pour lutter contre les déclarations trompeuses en matière de durabilité, rendant impératif l'adhésion à des normes rigoureuses. Par exemple, le règlement de l'UE sur la divulgation des informations relatives à la finance durable (SFDR) impose des critères stricts pour les investissements dits durables, transformant les promesses en obligations légales.

Les régulateurs britanniques et américains suivent cette tendance, incitant les acteurs financiers du monde entier à prendre des mesures significatives pour réduire leur empreinte carbone et renforcer la durabilité de leurs opérations. En parallèle, les avancées réglementaires, telles que le projet de loi Pacte, témoignent d'une évolution vers des modèles économiques qui favorisent la finance durable. Les régulateurs, qu'ils soient au niveau national ou européen, jouent un rôle crucial dans la régulation des marchés financiers et la supervision des risques, intégrant des critères ESG dans leurs évaluations.

Ainsi, les régulateurs s'érigent en acteurs essentiels de la transition vers un modèle financier durable, incitant les institutions à aligner leurs objectifs sur les engagements de l'Accord de Paris. Leur rôle ne se limite pas à encourager le changement ; ils sont également chargés de veiller à ce que les promesses des banques ne restent pas lettre morte. Par leur présence et leurs actions, ils exercent une influence à la fois coercitive et stimulante, orientant les flux de capitaux vers des entreprises et projets écologiquement responsables.

La mission des régulateurs, en matière de durabilité, restreint la liberté d'action des institutions financières et des investisseurs, imposant des exigences de transparence sur les performances environnementales et sociales ainsi que sur les politiques internes. En France, cette responsabilité incombe à divers acteurs, tels que le ministère de l'Économie et des Finances, l'Autorité de Contrôle Prudentiel et de Régulation (ACPR), et l'Autorité des Marchés Financiers (AMF), qui œuvrent pour promouvoir la finance durable au sein de l'économie.

a. La nécessité d'une intégration systématique

Il apparaît donc clairement que les banques de détail doivent intégrer le développement durable dans leurs opérations et processus, en réponse aux régulations établies concernant la finance durable. Par exemple, le ministère de l'Économie et des Finances a mis en place un label ISR pour certifier les fonds respectant des critères environnementaux, sociaux et de gouvernance. Ce label permet aux épargnants d'identifier les investissements alignés avec des pratiques RSE solides, favorisant une prise de décision éclairée.

L'ISR, introduit en 2016, et le label GreenFin illustrent les efforts pour promouvoir des investissements responsables, en excluant les entreprises liées aux secteurs polluants. À ce jour, le nombre de fonds d'investissement certifiés ISR a atteint 1 229, totalisant 794 milliards d'euros. Ces chiffres soulignent l'essor d'une finance durable qui s'affirme comme une tendance incontournable pour les banques de détail, contribuant à renforcer leur pertinence dans le cadre de la transition écologique.

b. L'évolution des critères de certification

L'ISR a récemment été révisé pour intégrer des exigences ESG plus strictes, ce qui offre aux acteurs de la banque de détail la possibilité de se démarquer sur le marché. Depuis le 1er mars 2024, le nouveau référentiel met l'accent sur l'impact climatique, en excluant des entreprises impliquées dans l'exploitation des hydrocarbures non conventionnels ou du charbon. De plus, à partir de 2026, les fonds ISR devront investir au moins 15 % de leurs actifs dans des secteurs ayant un impact positif sur le climat, avec des plans de transition conformes à l'Accord de Paris.

En ce qui concerne l'AMF, son intégration de la finance durable dans toutes ses activités depuis 2018 souligne l'importance de la supervision dans ce domaine. L'AMF mène des actions de contrôle et de suivi pour garantir la transparence des informations extra financières fournies par les banques, tout en collaborant avec d'autres régulateurs européens pour harmoniser les cadres réglementaires. L'autorité joue également un rôle éducatif en informant le public sur des concepts clés liés au développement durable, contribuant ainsi à renforcer la cohérence entre les différents acteurs de l'industrie.

En somme, la régulation constitue un levier majeur pour catalyser le mouvement vers la finance durable. Les banques de détail doivent non seulement se conformer aux exigences réglementaires, mais également s'engager activement dans la transition écologique pour rester pertinentes dans un paysage financier en mutation rapide.

B 2 - La conscience de l'urgence face à l'environnement macroéconomique

Les crises financières et économiques des dernières décennies ont démontré l'interconnexion des économies mondiales et l'impact systémique des perturbations bancaires. Ces crises ont particulièrement touché les secteurs vulnérables et les ménages à faibles et moyens revenus, mettant en lumière une réalité fondamentale : les défis économiques et climatiques transcendent les frontières des États. Les économies développées, responsables de plus de 90 % des émissions mondiales de carbone, ainsi que les économies émergentes, partagent une responsabilité commune dans la gestion des crises environnementales et financières.

Les inégalités dans la production d'émissions de gaz à effet de serre sont également flagrantes : les 1 % des personnes et entreprises les plus riches génèrent deux fois plus d'émissions que les 50 % les plus pauvres. Pourtant, les émissions de carbone n'ont pas de frontières géographiques, et les catastrophes environnementales ne font pas de distinction entre les régions responsables du dérèglement climatique et celles qui en souffrent le plus. Les populations les plus vulnérables, souvent situées dans des zones moins développées ou à faibles revenus, subissent les effets les plus graves des crises climatiques.

Dans ce contexte, il est impératif d'accélérer la transition vers la neutralité carbone. L'adoption de mesures de développement durable, en particulier par les institutions financières, n'est plus une option, mais une nécessité pour stabiliser l'environnement macroéconomique et prévenir les effets dévastateurs des chocs climatiques. Les banques, en tant qu'acteurs centraux dans le financement des projets, ont un rôle clé à jouer dans l'allocation des ressources vers des initiatives durables, contribuant ainsi à une économie résiliente face aux risques environnementaux.

B 3 - Les pressions externes incitant la banque de détail à intégrer la finance durable

Le secteur bancaire est de plus en plus conscient des risques inhérents aux pratiques économiques non durables. Les institutions financières, notamment les banques de détail, font face à des pressions croissantes pour repenser leurs stratégies, que ce soit en raison des régulations strictes, des attentes sociétales ou des changements dans le comportement des investisseurs. Ces pressions externes poussent les banques à réévaluer les risques liés aux industries polluantes et à se tourner vers des modèles de financement axés sur la durabilité.

D'une part, les prêts accordés aux industries responsables de la dégradation environnementale sont de plus en plus perçus comme des investissements à haut risque. Le secteur pétrolier, par exemple, fait face à une incertitude croissante en raison des politiques de transition énergétique, ce qui conduit les institutions financières à réorienter leurs flux de capitaux vers des secteurs plus verts et plus résilients. D'autre part, les opportunités commerciales offertes par la finance durable se multiplient. Le financement de projets liés aux énergies renouvelables, à la gestion des ressources naturelles, et aux technologies vertes permet aux banques de s'implanter sur des marchés en pleine expansion, tout en participant à la réduction des émissions de carbone.

L'émergence de nouvelles réglementations, telles que les normes sur la divulgation des risques climatiques et des performances ESG, amplifie ces tendances. Les banques sont incitées à renforcer leurs politiques de transparence et à intégrer des critères de durabilité dans l'ensemble de leurs processus décisionnels. Cela se traduit par la mise en place de nouveaux produits financiers, comme les obligations vertes, ou encore par la réorientation des portefeuilles d'investissements vers des secteurs respectueux de l'environnement.

Dans ce contexte, l'adoption de la finance durable devient une condition sine qua non pour les banques qui souhaitent rester compétitives dans un marché en mutation. Un exemple frappant de cette transformation se trouve dans le rôle que joue la finance verte dans la diversification des portefeuilles d'investissements. En s'engageant dans le financement de projets verts, tels que les infrastructures énergétiques renouvelables ou les solutions bas-carbone, les banques réduisent leur exposition aux secteurs à risques tout en favorisant une croissance durable. De plus, l'accent mis sur la finance solidaire et socialement responsable permet aux institutions financières de répondre aux attentes croissantes des consommateurs et des investisseurs qui exigent une transparence accrue et un impact social positif.

Enfin, les études de cas montrent que les banques qui adoptent des stratégies de développement durable bénéficient non seulement d'une amélioration de leur réputation, mais également d'une résilience accrue face aux crises économiques et climatiques. En investissant dans des secteurs tels que l'agriculture durable, la gestion des ressources en eau, ou les technologies propres, ces banques contribuent à créer un écosystème économique plus stable et plus inclusif, tout en renforçant leur propre viabilité à long terme.

Les facteurs externes, qu'il s'agisse des régulations ou des attentes sociétales, incitent les banques de détail à intégrer le développement durable dans leur modèle économique. Leurs stratégies d'investissement et leurs opérations doivent être alignées avec les objectifs de transition écologique pour non seulement répondre aux exigences légales, mais aussi pour saisir les opportunités offertes par la finance durable. Les banques de détail, en jouant un rôle actif dans la réorientation des flux de capitaux vers des projets verts et résilients, se positionnent ainsi comme des moteurs de transformation dans la lutte contre le changement climatique.

C - Le développement durable comme stratégie dans la banque de détail

C 1 - La finance durable comme source d'avantage concurrentiel

Adopter des pratiques durables permet aux banques de détail de se démarquer dans un secteur de plus en plus compétitif, en attirant une clientèle consciente de l'importance de la durabilité. Les clients, aujourd'hui plus informés et exigeants, privilégient les institutions financières qui démontrent un engagement clair en faveur des enjeux environnementaux et sociaux. En conséquence, intégrer une stratégie de développement durable renforce la réputation d'une banque et contribue non seulement à la fidélisation de la clientèle, mais également à son attractivité en tant qu'employeur. L'image positive d'une entreprise responsable séduit tant les consommateurs que les talents, qui recherchent des entreprises partageant leurs valeurs.

La mise en œuvre d'une telle stratégie ne se limite pas à une simple modification des processus internes. Il s'agit d'une transformation plus profonde qui pousse les banques à repenser leur approche stratégique globale. Cette transition exige de l'innovation à plusieurs niveaux, notamment dans la création de produits et services financiers écoresponsables, dans l'adoption de technologies vertes, ainsi que dans la gestion de la relation avec les parties prenantes. L'enjeu est de trouver le bon équilibre entre rentabilité et durabilité, tout en minimisant l'empreinte écologique de ses activités.

Les études de comportements consommateurs dans le secteur bancaire confirment que les clients sont de plus en plus sensibles aux pratiques de responsabilité sociale des entreprises (RSE). Les clients optent davantage pour des institutions financières qui incarnent des valeurs alignées avec leurs préoccupations éthiques, environnementales et sociales. Une banque de détail qui intègre ces dimensions dans sa stratégie a donc un avantage significatif. Il ne s'agit plus simplement de répondre aux exigences des régulateurs, mais bien d'anticiper les attentes du marché en adoptant une approche proactive.

De plus, les défis posés par la transition vers un modèle de développement durable poussent les banques à innover. L'innovation devient alors un vecteur clé de différenciation. Que ce soit par le développement de produits financiers écologiques ou par la conception de solutions technologiques visant à réduire les impacts environnementaux, les banques doivent continuellement repenser leurs offres. Par exemple, l'essor des obligations vertes et des produits d'investissement socialement responsables témoigne de l'adaptabilité des banques face à ces nouvelles exigences. En soutenant des projets à faible empreinte carbone, elles s'alignent sur les objectifs de neutralité climatique tout en se positionnant comme des leaders dans la finance durable.

L'innovation peut également passer par l'établissement de partenariats stratégiques avec des entreprises engagées dans des pratiques responsables. En collaborant avec des acteurs du secteur privé ou public ayant des visions similaires en matière de durabilité, les banques peuvent élargir leur offre tout en renforçant leur impact positif sur l'environnement et la société. Ces alliances stratégiques créent des synergies favorables à l'atteinte des objectifs communs en matière de développement durable.

En parallèle, la pression concurrentielle entre les banques pousse celles-ci à adopter des pratiques plus vertueuses. Les banques de détail se voient donc dans l'obligation d'adopter une démarche durable non seulement pour répondre aux exigences réglementaires, mais aussi pour rester compétitives dans un marché où les consommateurs accordent une attention croissante aux impacts écologiques. La prise de conscience collective autour des enjeux environnementaux incite ainsi les banques à innover et à transformer leurs opérations, afin de conserver leur part de marché face aux concurrents déjà engagés dans la finance durable.

Pour illustrer cette dynamique, prenons l'exemple des marchés émergents de la finance verte, où de nombreuses banques ont lancé des produits financiers spécifiques répondant à des critères ESG (environnementaux, sociaux et de gouvernance). Ces produits attirent non seulement des investisseurs institutionnels, mais également des particuliers désireux d'investir dans des projets alignés avec leurs valeurs. Ce type d'initiative démontre qu'en adoptant une stratégie axée sur le développement durable, les banques peuvent non seulement attirer une nouvelle clientèle, mais aussi diversifier leurs sources de revenus tout en renforçant leur réputation sur le long terme.

Le développement durable n'est plus une option pour les banques de détail, mais une nécessité stratégique. En intégrant la durabilité au cœur de leur modèle d'affaires, elles répondent aux attentes des clients, anticipent les évolutions réglementaires et innovent pour se différencier dans un marché en pleine mutation. À travers cette transition, elles construisent non seulement un avantage concurrentiel, mais contribuent également à la création d'une économie plus durable et inclusive.

C 2 - La finance durable comme stratégie de gestion des risques

Les pratiques non durables dans le secteur bancaire exposent les institutions financières à des risques de nature variée, qu'ils soient financiers, juridiques ou réputationnels. En intégrant les critères ESG (environnementaux, sociaux et de gouvernance) dans leurs opérations, les banques de détail non seulement réduisent ces risques, mais renforcent également leur résilience face aux défis environnementaux et sociaux. Cette démarche s'inscrit dans une transition vers une économie plus durable et offre aux banques l'opportunité de jouer un rôle moteur dans la préservation de l'environnement, tout en préservant les intérêts de leurs clients et de leurs actionnaires.

Le développement durable est devenu un impératif pour le secteur bancaire, en grande partie en raison de l'ampleur des risques climatiques auxquels le secteur est confronté. Les risques liés au climat peuvent être regroupés en deux grandes catégories : les risques physiques et les risques de transition. Les risques physiques, souvent les plus immédiats et tangibles, se réfèrent aux pertes économiques et financières associées aux événements climatiques extrêmes tels que les ouragans, les inondations, les incendies de forêt, ainsi qu'aux effets à plus long terme comme la montée du niveau des océans et la désertification. Par exemple, en 2020, des pluies diluviennes dans les Alpes-Maritimes ont ravagé des villages entiers, comme Roquebillière, entraînant des pertes massives pour les habitants et les entreprises locales. De tels événements ont non seulement un coût humain élevé, mais aussi des implications financières directes pour les banques, qui doivent gérer les pertes sur les investissements ou les actifs dévalorisés.

Des études récentes, comme celle du Bureau des Nations Unies pour la Réduction des Risques de Catastrophes, montrent que, sur une période de deux décennies (1997-2017), les catastrophes naturelles ont causé des dommages estimés à 2 900 milliards de dollars, un chiffre en augmentation de plus de 150 % par rapport aux périodes précédentes. Ces chiffres ne sont pas simplement des statistiques ; ils révèlent une tendance inquiétante qui affecte directement la stabilité du secteur financier. Les banques de détail doivent donc impérativement ajuster leurs stratégies de placement et de gestion des risques pour anticiper ces perturbations, protéger les épargnes de leurs clients et éviter des pertes potentiellement catastrophiques.

Ces risques physiques ne sont qu'une partie du problème. Le risque de transition, lui, fait référence aux conséquences économiques du passage à une économie bas-carbone. Les actifs dits "échoués" (*stranded assets*) représentent des investissements dans des secteurs polluants qui deviennent obsolètes ou perdent rapidement de la valeur à mesure que les réglementations se durcissent et que la demande pour des énergies fossiles diminue. Selon certaines études, pour limiter le réchauffement climatique à moins de 2°C, il serait nécessaire de laisser sous terre 80 % des réserves mondiales de charbon, 50 % des réserves de gaz, et un tiers des réserves de pétrole d'ici 2050. Cela aurait des répercussions directes sur la valorisation des actifs liés aux énergies fossiles, créant des pertes estimées à 12 000 milliards de dollars d'ici cette date. Des secteurs autrefois jugés sûrs, comme l'extraction de combustibles fossiles, pourraient ainsi devenir des "actifs dévalorisés", entraînant des ventes massives de ces titres à des prix fortement réduits (*fire sales*), ce qui causerait des perturbations financières considérables.

Face à ces réalités, il devient essentiel pour les banques de détail d'évaluer soigneusement les risques associés à la transition vers une économie verte. Cela implique d'analyser non seulement les impacts financiers potentiels d'une telle transition, mais aussi les opportunités qu'elle peut offrir. Les secteurs en plein essor, comme les énergies renouvelables, l'agriculture durable ou les technologies propres, représentent des opportunités d'investissement à long terme. Par ailleurs, des produits financiers innovants, comme les obligations vertes, permettent aux banques de diversifier leurs portefeuilles tout en soutenant des projets ayant un impact positif sur l'environnement. En investissant dans ces domaines, les banques peuvent répondre aux attentes des clients et des investisseurs de plus en plus soucieux des enjeux écologiques, tout en se positionnant en tant que leaders dans la finance verte.

En plus de ces considérations économiques, le cadre réglementaire est en constante évolution, imposant aux banques de se conformer à des normes de plus en plus strictes en matière de développement durable. Alors que la finance durable était autrefois une démarche volontaire, elle devient aujourd'hui une exigence réglementaire incontournable. Le *Sustainable Finance Disclosure Regulation* (SFDR), en vigueur depuis mars 2021, oblige les institutions financières à divulguer des informations détaillées sur les risques environnementaux et sociaux associés à leurs activités. De même, la *Taxonomie Européenne*, entrée en vigueur en janvier 2022, fournit un cadre de référence clair pour déterminer quelles activités économiques sont alignées avec les objectifs de durabilité. Ces normes et règlements ne sont qu'un début. À l'avenir, de nouvelles réglementations, telles que la taxonomie sociale ou des règles sur la transition environnementale, viendront encore renforcer ces exigences.

L'intégration des normes ESG dans les pratiques bancaires ne se limite donc plus à une simple stratégie d'alignement avec des valeurs éthiques, mais devient une obligation légale et opérationnelle. Les banques qui échouent à se conformer à ces nouvelles normes risquent de voir leur accès aux marchés financiers restreint et de subir des sanctions réglementaires importantes. Par ailleurs, les banques de détail qui ne parviennent pas à s'adapter à ce nouvel environnement risquent de perdre leur compétitivité face à des acteurs plus agiles, capables d'innover et d'anticiper les évolutions du marché.

La finance durable est bien plus qu'un enjeu de communication ou de réputation pour les banques de détail. C'est une réponse pragmatique aux risques croissants liés au changement climatique et à la transition vers une économie plus respectueuse de l'environnement. En s'adaptant aux nouvelles réalités climatiques et en saisissant les opportunités offertes par cette transition, les banques peuvent non seulement protéger leurs actifs, mais aussi contribuer de manière significative à la construction d'une économie plus résiliente et durable. L'enjeu est désormais clair : il s'agit de se préparer à un avenir où la durabilité ne sera plus une option, mais une nécessité.

C 3 - Le développement durable comme levier de développement commercial

Pour approfondir l'argumentation sur le développement durable dans le secteur bancaire, il convient de souligner le rôle croissant des régulations en matière de finance durable et leur impact sur les banques de détail. En effet, les régulateurs bancaires à travers le monde intègrent progressivement des critères environnementaux, sociaux et de gouvernance (ESG) dans leurs exigences de conformité. Ces régulations forcent les banques à revoir leur approche en matière de risque, d'allocation de capital, et de gestion de portefeuilles. Ainsi, les banques de détail doivent intégrer dans leurs stratégies une prise en compte systématique des enjeux de développement durable, non seulement pour se conformer aux régulations, mais aussi pour répondre aux attentes croissantes des investisseurs et des consommateurs.

Un autre point à développer concerne la dimension technologique et son rôle dans l'accélération de la transition vers une finance durable. Les banques de détail utilisent de plus en plus les innovations technologiques telles que les plateformes de gestion de données, l'intelligence artificielle, et les outils de big data pour mesurer, suivre et rapporter leur performance en matière de durabilité. Par exemple, ces technologies permettent aux institutions de mieux évaluer les risques climatiques auxquels elles sont exposées et d'ajuster leurs décisions de crédit en fonction des risques ESG. Cela permet aux banques de réduire leur exposition à des projets ou des secteurs à haut risque environnemental, tout en encourageant le financement de projets à impact positif.

En outre, il est important d'aborder l'impact que la finance durable a sur les relations des banques avec leurs parties prenantes. Les banques de détail, en adoptant des pratiques durables, ne se contentent pas seulement d'améliorer leur positionnement auprès des investisseurs, mais renforcent également leurs relations avec les clients, les employés, et les communautés locales. Les consommateurs d'aujourd'hui sont de plus en plus sensibles aux questions de durabilité, et leur fidélité se lie souvent à la capacité de la banque à incarner des valeurs éthiques et responsables. Par ailleurs, les employés, particulièrement ceux appartenant à la génération la plus jeune, sont également attirés par des institutions qui partagent leurs valeurs en matière de développement durable, ce qui peut améliorer la capacité des banques à attirer et retenir les talents.

Pour enrichir l'analyse, une étude de cas pourrait être réalisée sur des projets spécifiques de transition énergétique financés par des banques de détail. Par exemple, plusieurs banques ont soutenu des initiatives d'efficacité énergétique dans le secteur immobilier, avec un impact positif sur la réduction des émissions de gaz à effet de serre tout en offrant des rendements financiers intéressants. De telles études de cas illustrent la manière dont la finance durable, loin d'être une simple tendance, devient un pilier fondamental de la stratégie de développement des banques de détail, permettant à ces dernières d'aligner leurs objectifs financiers avec les enjeux environnementaux et sociétaux.

Enfin, l'intégration de la finance durable dans les pratiques bancaires peut avoir des effets systémiques sur le marché financier global. Les banques de détail qui adoptent cette approche ne se limitent plus à une simple redistribution des ressources financières, mais deviennent des acteurs proactifs dans la transformation de l'économie vers des modèles plus durables. Cela pourrait générer un effet d'entraînement sur l'ensemble du secteur bancaire, augmentant la pression sur les banques qui n'ont pas encore pris ce virage pour qu'elles adoptent à leur tour des pratiques plus responsables. Ce changement collectif contribuerait à un système financier plus résilient et mieux préparé pour faire face aux défis du 21ème siècle, notamment ceux liés au changement climatique.

En conclusion, la transition vers une finance durable offre aux banques de détail non seulement une opportunité de renforcer leur image et d'attirer une clientèle plus large, mais aussi de réduire leurs coûts et d'atténuer les risques financiers liés aux crises climatiques et sociales à venir. L'évolution de la réglementation, l'innovation technologique, et l'alignement des intérêts avec ceux des parties prenantes sont autant de leviers que les banques peuvent utiliser pour créer de la valeur durable à long terme.

Présentations de sécurité

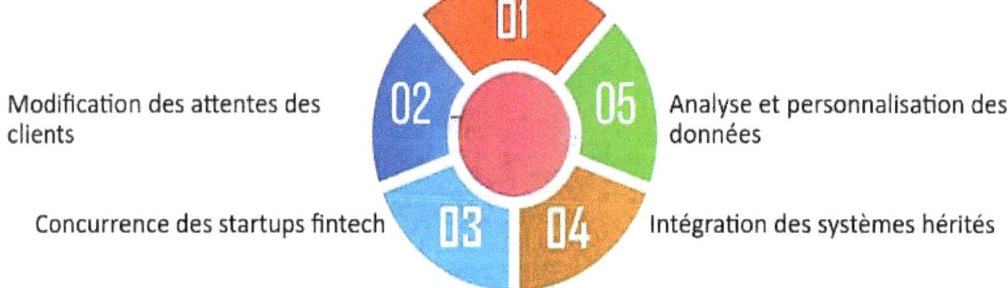

PARTIE 3 – LES PRATIQUES EXEMPLAIRES EN MATIÈRE DE DÉVELOPPEMENT DURABLE DANS LES BANQUES DE DÉTAIL

Dans ce chapitre, nous examinerons en détail les pratiques exemplaires en matière de développement durable mises en œuvre par les banques de détail à travers le monde. Ces initiatives illustrent comment les institutions financières peuvent intégrer les principes de durabilité dans leurs opérations quotidiennes tout en préservant leur rentabilité.

Nous mettrons en lumière des stratégies innovantes et des approches responsables qui permettent aux banques de répondre aux attentes croissantes des parties prenantes en matière de responsabilité environnementale, sociale et de gouvernance (ESG). Les banques de détail jouent un rôle crucial dans la transition vers une économie durable, non seulement en réduisant leur empreinte carbone, mais aussi en promouvant l'inclusion financière et en renforçant la transparence et l'éthique dans leurs pratiques commerciales.

Les banques adoptent des mesures variées pour diminuer leur empreinte carbone. Cela inclut des investissements dans des projets d'énergie renouvelable, tels que l'énergie solaire et éolienne, ainsi que l'intégration de l'évaluation des risques climatiques dans leurs pratiques de prêt et d'investissement. Par exemple, certaines banques proposent des produits financiers respectueux de l'environnement, comme des éco-prêts et des fonds d'investissement durables, afin de soutenir des initiatives écologiques.

L'inclusion financière est également une priorité pour de nombreuses banques de détail. En développant des produits et services accessibles à des populations traditionnellement exclues du système financier, ces institutions contribuent à une croissance économique plus équitable. Cela inclut des efforts pour offrir des services bancaires à faible coût et des solutions de micro-financement qui permettent aux petites entreprises et aux entrepreneurs de se développer.

La transparence est essentielle pour renforcer la confiance des clients et des parties prenantes. Les banques doivent fournir des informations claires sur leurs initiatives en matière de durabilité, en intégrant des indicateurs clés de performance (ICP) pour mesurer l'impact de leurs actions. Cela inclut le reporting extra-financier, qui est devenu une exigence réglementaire croissante, visant à valoriser la performance des banques en matière d'impact environnemental et social.

Les initiatives de développement durable ne sont pas seulement bénéfiques pour l'environnement ; elles offrent également des avantages économiques. En améliorant leur image de marque et en attirant des clients soucieux de l'environnement, les banques peuvent augmenter leur part de marché et leur rentabilité. De plus, en se conformant aux normes ESG, elles peuvent réduire les risques financiers associés à des pratiques non durables, renforçant ainsi leur résilience face aux crises économiques.

Cependant, les banques font face à des défis importants dans la mise en œuvre de ces pratiques. La nécessité d'une gouvernance durable et d'une communication efficace sur les initiatives de durabilité est cruciale pour éviter le "greenwashing" et garantir que les efforts déployés soient authentiques et mesurables. Les banques doivent également naviguer dans un paysage réglementaire en évolution rapide, ce qui nécessite une adaptation continue de leurs stratégies et de leurs produits.

En conclusion, ce chapitre vise à fournir une compréhension approfondie des meilleures pratiques en matière de développement durable dans le secteur bancaire de détail. À travers des exemples concrets et des études de cas inspirantes, nous démontrerons comment ces institutions peuvent non seulement contribuer à la durabilité environnementale, mais également jouer un rôle clé dans la promotion d'une économie plus équitable et responsable.

A - Cas d'étude : La banque "Banque 1"

La banque décrite dans ce cas d'étude a réussi à intégrer les critères
environnementaux, sociaux et de gouvernance (ESG) dans l'ensemble de
ses opérations. Cette intégration se manifeste par une série d'initiatives
concrètes visant à promouvoir la durabilité et la responsabilité sociale.

❖ **Réduction de l'empreinte carbone**
- Installation de panneaux solaires sur les toits des agences pour
  réduire la dépendance aux énergies fossiles et diminuer les émissions
  de gaz à effet de serre

- Encouragement du télétravail pour les employés afin de réduire les
  déplacements quotidiens et l'empreinte carbone liée aux transports

❖ **Offre de produits financiers durables**
- Prêts à taux préférentiel pour les projets d'efficacité énergétique
  (systèmes de chauffage haute efficacité, amélioration de l'isolation
  des bâtiments)

- Soutien des clients dans leurs efforts de réduction de la
  consommation d'énergie et promotion de pratiques financières
  responsables

❖ **Campagne de sensibilisation des clients**
- Encouragement de l'adoption de pratiques financières responsables
  (investissement dans des fonds durables, réduction de l'utilisation de
  papier)
- Renforcement de la réputation de la banque en tant qu'institution
  financière responsable et engagée dans la durabilité

❖ **Résultats et perspectives**
- Augmentation du nombre de clients attirés par les valeurs et
  pratiques durables de la banque

- Fidélisation des clients existants grâce à l'engagement de la banque envers la durabilité et la responsabilité sociale

Évaluation et amélioration continues des pratiques ESG par des audits internes et la participation à des initiatives sectorielles visant à promouvoir la durabilité

Ce cas d'étude illustre comment une banque peut intégrer avec succès les critères ESG dans ses opérations quotidiennes. Grâce à des initiatives concrètes et à une communication efficace, la banque a non seulement amélioré son impact environnemental et social, mais a également renforcé sa position sur le marché en attirant et en fidélisant une clientèle soucieuse de la durabilité.

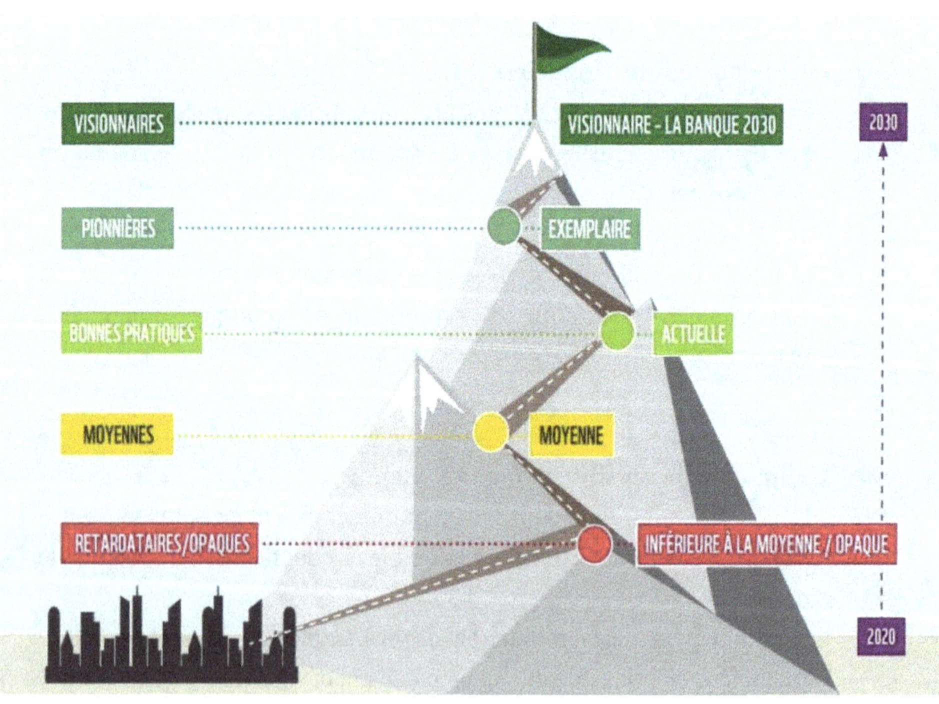

B - Cas d'étude : La banque "Banque 2"

L'étude de cas sur une institution bancaire axée sur l'inclusion financière
met en lumière une stratégie visant à offrir des services financiers
accessibles aux populations à faible revenu et aux petites entreprises,
souvent exclues du système bancaire traditionnel. Cette approche s'inscrit
dans un cadre de développement durable, cherchant à réduire les inégalités
sociales et à encourager une croissance économique inclusive.

B 1 - Microcrédits et Services Financiers Adaptés

Une des initiatives clés de cette institution est l'octroi de microcrédits,
qui sont de petits prêts destinés à aider les entrepreneurs individuels et les
petites entreprises à démarrer ou à développer leurs activités. Par exemple,
un agriculteur peut utiliser un microcrédit pour acquérir des semences de
qualité supérieure ou des équipements agricoles, ce qui peut
significativement augmenter sa production et ses revenus. De même, un
artisan pourrait investir dans de nouveaux outils pour améliorer la qualité
de ses produits et attirer davantage de clients.

En plus des microcrédits, l'institution propose des services bancaires à
faible coût, tels que des comptes d'épargne sans frais de gestion et des
cartes de débit à coût réduit. Ces produits permettent aux clients de gérer
leur argent de manière plus efficace et sécurisée. Par exemple, une famille
à faible revenu peut ouvrir un compte d'épargne pour mettre de l'argent de
côté pour des urgences ou des dépenses futures, comme les frais de scolarité
des enfants.

B 2 - Éducation Financière et Technologies Innovantes

L'institution a également mis en place des programmes d'éducation
financière pour ses clients, visant à améliorer leurs compétences en gestion
financière. Des ateliers et des séminaires sont organisés pour enseigner aux
participants comment budgétiser, épargner et investir judicieusement. Ces

initiatives permettent aux clients de prendre des décisions financières éclairées et de mieux planifier leur avenir.

Pour atteindre les populations rurales et éloignées, l'institution utilise des technologies innovantes. Par exemple, une application mobile a été développée, permettant aux clients d'accéder à leurs comptes, de transférer de l'argent et de payer des factures directement depuis leur téléphone. Cette solution est particulièrement utile dans les régions où les agences bancaires sont rares. De plus, des agents bancaires mobiles se déplacent dans les villages pour offrir des services financiers de base et aider les clients à utiliser l'application.

B 3 - Résultats et Évaluation Continue

Les efforts de cette institution en matière d'inclusion financière ont produit des résultats positifs. De nombreux clients ont pu améliorer leur situation financière grâce aux microcrédits et aux services bancaires à faible coût. Par exemple, une petite entreprise de couture a pu embaucher plus de personnel et augmenter sa production grâce à un microcrédit. Une famille a également réussi à épargner suffisamment pour acheter une maison grâce à un compte d'épargne sans frais.

Enfin, l'institution continue d'évaluer et d'améliorer ses initiatives d'inclusion financière. Elle recueille régulièrement des retours d'expérience de ses clients pour identifier les domaines à améliorer et développer de nouveaux produits adaptés à leurs besoins. Cette approche proactive permet à l'institution de rester à l'avant-garde de l'inclusion financière et de contribuer significativement à la réduction des inégalités sociales et à la promotion du développement durable.

L'inclusion financière est essentielle pour permettre aux populations vulnérables d'accéder à des services financiers de base, ce qui peut transformer leur situation économique. En développant des produits adaptés et en mettant en œuvre des programmes éducatifs, les institutions financières peuvent jouer un rôle crucial dans la lutte contre l'exclusion sociale et économique.

LES 5 PILIERS
de la stratégie nationale
d'éducation économique,
Budgétaire et financière
Développer
les compétences
à mobiliser dans
l'accompagnement
des personnes
en situation de
fragilité financière
par les intervenants
sociaux
Développer
une éducation
budgétaire et
financière pour
les jeunes
Soutenir
les compétences
budgétaires et
financières tout
au long de la vie
Donner à tous
les publics des clés
de compréhension
des débats
économiques
Accompagner
les entrepreneurs
dans leurs
compétences
économiques et
financières

C - Cas d'étude : La banque "Banque 3"

L'étude de cas concernant une institution bancaire engagée dans l'intégration des objectifs de développement durable (ODD) met en évidence une approche systématique pour évaluer les projets de financement. Cette banque a mis en place un cadre rigoureux d'évaluation des risques environnementaux et sociaux pour chaque prêt, garantissant ainsi que les projets financés contribuent positivement à la durabilité.

C 1 - Évaluation des Projets et Critères de Durabilité

Avant d'accorder un financement, l'institution examine minutieusement l'impact potentiel du projet sur l'environnement et les communautés locales. Par exemple, un projet de construction d'une usine peut être soumis à une évaluation de son empreinte carbone, de sa consommation d'eau et de son impact sur la biodiversité. Si le projet ne respecte pas les normes de durabilité, le financement peut être refusé ou conditionné à la mise en œuvre de mesures correctives, telles que l'adoption de technologies de réduction des émissions ou l'utilisation de sources d'énergie renouvelable.

Cette approche va au-delà de la simple évaluation financière. Elle inclut des critères tels que la réduction de la pauvreté, l'amélioration de la santé et de l'éducation, la promotion de l'égalité des sexes, et la lutte contre le changement climatique. Par exemple, un projet de parc éolien financé par la banque non seulement contribue à la production d'énergie renouvelable, mais crée également des emplois locaux, favorisant ainsi la croissance économique et la réduction de la pauvreté.

C 2 - Outils et Ressources pour les Clients

Pour aider ses clients à améliorer la durabilité de leurs projets, l'institution propose divers outils et ressources. Cela inclut des guides sur les meilleures pratiques en matière de gestion environnementale et sociale, ainsi que des ateliers de formation. Ces initiatives visent à éduquer les clients sur les avantages de la durabilité, comme la réduction des coûts opérationnels et l'amélioration de l'image de marque.

Un exemple concret pourrait être une entreprise de construction qui, grâce aux formations proposées, apprend à intégrer des matériaux écologiques dans ses projets. Cela non seulement répond aux attentes de la banque en matière de durabilité, mais améliore également la compétitivité de l'entreprise sur le marché.

C 3 - Transparence et Engagement à Long Terme

L'institution a renforcé sa réputation en matière de responsabilité sociale et environnementale par sa transparence et son engagement à long terme. En publiant régulièrement des rapports sur ses performances en matière de durabilité et en participant à des initiatives internationales, elle démontre son sérieux et son leadership dans ce domaine. Cela attire des investisseurs institutionnels, tels que des fonds de pension, qui recherchent des projets respectueux de l'environnement et socialement responsables.

C 4 - Impact Mesurable et Évaluation Continue

Les résultats de cette stratégie sont tangibles. En finançant des projets d'énergie renouvelable, la banque a non seulement contribué à la réduction des émissions de gaz à effet de serre, mais a également fourni de l'énergie propre à des milliers de foyers. De plus, ces projets ont généré des emplois dans les communautés locales, renforçant ainsi le tissu économique.

L'institution continue d'évaluer et d'améliorer son cadre d'évaluation des risques. Elle collabore avec des experts et des organisations internationales pour s'assurer que ses pratiques sont alignées avec les normes les plus élevées. Cette démarche proactive lui permet de rester à l'avant-garde de la finance durable et d'attirer des investisseurs soucieux de la durabilité.

L'intégration des ODD dans les opérations bancaires quotidiennes nécessite un engagement à tous les niveaux de l'organisation. En adoptant une approche systématique de l'évaluation des risques, l'institution peut

maximiser les bénéfices sociaux et environnementaux tout en minimisant
les impacts négatifs. Cette stratégie renforce non seulement la durabilité
des projets financés, mais également la réputation de la banque en tant que
leader responsable sur le marché financier.

D - Cas d'étude : La banque "Banque 4"

L'étude de cas sur une banque fictive, désignée ici sous le nom de "Banque 4", illustre comment une institution financière peut promouvoir des choix durables et renforcer la relation avec ses clients à travers des incitations financières et des initiatives éducatives.

D 1 - Incitations financières pour des choix durables

"Banque 4" met en place des taux d'intérêt réduits sur des prêts destinés à des projets écologiques, tels que l'achat de véhicules électriques ou la réalisation de rénovations énergétiques. Par exemple, un prêt pour une voiture électrique pourrait bénéficier d'un taux d'intérêt réduit de 1,5 % par rapport aux taux standard, permettant ainsi aux clients d'économiser plusieurs centaines d'euros par an en intérêts. De plus, l'annulation des frais de dossier pour les projets verts, comme l'installation de panneaux solaires, rend ces investissements plus accessibles.

Ces incitations financières visent à rendre les choix durables non seulement plus attractifs mais également plus abordables. En réduisant les coûts initiaux, la banque encourage une adoption plus large des solutions respectueuses de l'environnement.

D 2 - Programmes éducatifs et sensibilisation

En parallèle, "Banque 4" propose des programmes éducatifs comprenant des ateliers et des webinaires sur le développement durable. Ces initiatives visent à informer les clients sur les meilleures pratiques pour réduire leur empreinte écologique. Par exemple, des experts pourraient animer un webinaire sur l'efficacité énergétique domestique, abordant des sujets tels que l'utilisation d'appareils économes en énergie et l'optimisation de l'isolation.

En fournissant des ressources et des conseils pratiques, la banque aide ses clients à non seulement comprendre les enjeux environnementaux, mais aussi à adopter des comportements plus responsables. Cela renforce la fidélité des clients, car ils se sentent soutenus dans leurs efforts pour adopter des pratiques durables.

D 3 - Impact sur la réputation et le marché

L'approche de "Banque 4" démontre comment les institutions financières peuvent jouer un rôle clé dans la transition vers une économie plus durable. En combinant des incitations financières avec des initiatives éducatives, la banque non seulement améliore son impact environnemental, mais elle renforce également sa réputation sur le marché.

En adoptant ces pratiques, la banque pourrait observer une augmentation de la satisfaction et de la fidélité de ses clients, tout en attirant de nouveaux clients soucieux de l'environnement. De plus, en montrant l'efficacité de ses initiatives, elle pourrait inspirer d'autres institutions financières à suivre son exemple, amplifiant ainsi l'impact positif sur la société et l'environnement.

L'exemple de "Banque 4" illustre une tendance croissante dans le secteur bancaire, où les institutions intègrent des considérations environnementales dans leurs pratiques. En offrant des incitations financières et en éduquant leurs clients, ces banques contribuent à la réalisation des objectifs de développement durable tout en renforçant leur position sur le marché. Cette stratégie pourrait également attirer des investisseurs socialement responsables, augmentant ainsi les opportunités de financement pour la banque.

Les pratiques exemplaires présentées dans ce chapitre montrent qu'il est possible pour les banques de détail de concilier rentabilité et durabilité. En intégrant les critères ESG dans leurs opérations, en développant des produits financiers innovants, et en adoptant une approche proactive en matière de responsabilité sociale et environnementale, les banques peuvent non seulement répondre aux attentes croissantes de leurs clients, mais aussi se positionner comme des leaders dans le secteur financier de demain.

L'intégration des critères ESG dans les opérations bancaires est essentielle pour assurer une croissance durable. Sur le plan environnemental, les banques peuvent financer des projets verts, comme les énergies renouvelables, et offrir des prêts à taux réduit pour les véhicules électriques. Sur le plan social, elles peuvent promouvoir l'inclusion financière en offrant des services bancaires aux populations non bancarisées ou sous-bancarisées. En matière de gouvernance, la transparence et l'éthique dans les opérations bancaires renforcent la confiance des clients et des investisseurs.

Les produits financiers innovants jouent également un rôle crucial dans la promotion de la durabilité. Par exemple, les obligations vertes financent des projets ayant un impact environnemental positif, comme la construction de bâtiments écologiques. De plus, les comptes d'épargne durables investissent dans des projets durables et offrent des rendements basés sur la performance environnementale et sociale.

Adopter une approche proactive en matière de responsabilité sociale et environnementale est une autre stratégie clé. Les banques peuvent organiser des programmes de sensibilisation pour éduquer leurs clients sur la gestion financière durable et les investissements responsables. En outre, elles peuvent collaborer avec des ONG pour soutenir des initiatives locales de développement durable.

Un exemple concret de cette approche est une banque qui a lancé un programme de prêts pour l'installation de panneaux solaires domestiques, réduisant ainsi les émissions de carbone et aidant les clients à économiser sur leurs factures d'énergie. Une autre banque a développé une application mobile qui permet aux clients de suivre l'empreinte carbone de leurs dépenses et de recevoir des conseils pour réduire leur impact environnemental.

Ces initiatives montrent que les banques de détail peuvent jouer un rôle crucial dans la transition vers une économie plus durable. En adoptant des pratiques durables, elles peuvent non seulement améliorer leur rentabilité, mais aussi répondre aux attentes croissantes des clients en matière de durabilité. Cela leur permet de se positionner comme des leaders innovants dans le secteur financier.

En conclusion, les banques de détail ont la possibilité de concilier rentabilité et durabilité en intégrant les critères ESG dans leurs opérations, en développant des produits financiers innovants, et en adoptant une approche proactive en matière de responsabilité sociale et environnementale. Ces pratiques non seulement répondent aux attentes des clients, mais aussi renforcent la position des banques en tant que leaders dans le secteur financier de demain.

Les exemples concrets de banques qui ont réussi à intégrer ces pratiques montrent que la durabilité et la rentabilité ne sont pas mutuellement exclusives. Au contraire, elles peuvent se renforcer mutuellement, créant ainsi une situation gagnant-gagnant pour les banques, leurs clients et la société dans son ensemble.

Ainsi, en adoptant ces pratiques exemplaires, les banques de détail peuvent non seulement améliorer leur performance financière, mais aussi contribuer de manière significative à la transition vers une économie plus durable et responsable.

PARTIE 4 – LES PERSPECTIVES D'AVENIR POUR LES BANQUES DE DÉTAIL

À mesure que l'économie mondiale évolue vers des pratiques plus durables, les banques de détail se retrouvent à un tournant crucial, confrontées à des défis sans précédent mais également à des opportunités significatives. Ce chapitre explore les tendances émergentes qui transformeront le secteur bancaire dans les années à venir, tout en analysant les stratégies innovantes que les banques peuvent adopter pour non seulement s'adapter à ces évolutions, mais aussi pour en tirer profit.

A - Rôle des banques de détail dans la finance durable

Les banques de détail jouent un rôle essentiel dans la promotion de pratiques financières responsables, en intégrant des critères environnementaux, sociaux et de gouvernance (ESG) dans leurs opérations. Cette transformation est alimentée par une prise de conscience croissante des enjeux climatiques et par une demande accrue des consommateurs pour des produits financiers durables. En conséquence, les institutions financières doivent réévaluer leurs modèles d'affaires, investir dans des technologies vertes et renforcer leur engagement envers la transparence et la responsabilité sociale.

A 1 - Initiatives et meilleures pratiques

Nous examinerons les initiatives innovantes et les meilleures pratiques adoptées par les banques de détail à l'échelle mondiale. Cela inclut l'adoption de la finance numérique et des solutions de paiement durable, qui permettent aux banques de répondre aux attentes des clients tout en minimisant leur impact environnemental. Les partenariats stratégiques et les collaborations intersectorielles sont également cruciaux pour faciliter cette transition vers une économie plus verte.

A 2 - Perspectives d'avenir

En somme, ce chapitre offre une vue d'ensemble des dynamiques actuelles et futures du secteur bancaire de détail, mettant en lumière les approches durables et les stratégies de résilience. Il vise à fournir des perspectives précieuses et des recommandations pratiques pour naviguer dans un paysage financier en constante mutation.

A 3 - Contexte réglementaire et économique

L'engagement des banques envers la finance durable est également soutenu par des initiatives réglementaires croissantes, telles que le Pacte vert pour l'Europe et les directives de reporting non financier. Ces cadres visent à encourager les banques à aligner leurs activités sur des objectifs environnementaux tout en favorisant une plus grande transparence dans leurs opérations.

Les banques de détail doivent non seulement s'adapter aux changements réglementaires et aux attentes des consommateurs, mais aussi jouer un rôle proactif dans la transition vers une économie durable. Cela nécessite une révision complète de leurs stratégies d'investissement et de financement, ainsi qu'une volonté d'innover et de collaborer au sein de l'écosystème financier. La montée en puissance des fintechs durables

La montée en puissance des fintechs durables a profondément transformé le secteur bancaire au cours de la dernière décennie. Ces entreprises, spécialisées dans les technologies financières, se concentrent de plus en plus sur le développement durable, offrant des services innovants qui encouragent les consommateurs à adopter des comportements financiers responsables. Grâce à leur agilité, les fintechs durables peuvent répondre rapidement aux besoins changeants des consommateurs en matière de durabilité.

Collaboration entre banques de détail et fintechs durables : Pour rester compétitives, les banques de détail doivent envisager des collaborations avec ces fintechs ou développer leurs propres solutions technologiques durables.

B - Voici quelques exemples de telles initiatives

- Applications mobiles pour la durabilité

Les banques peuvent développer des applications mobiles qui aident les clients à suivre et à réduire leur empreinte carbone. Ces applications peuvent fournir des informations sur les émissions de carbone liées aux transactions financières et proposer des moyens de les compenser.

- Plateformes de financement participatif

Les banques peuvent créer ou s'associer à des plateformes de financement participatif dédiées à des projets écologiques. Ces plateformes permettent aux clients d'investir directement dans des initiatives durables, telles que les énergies renouvelables ou les projets de conservation.

Produits financiers innovants : Les collaborations entre banques et fintechs peuvent aboutir à la création de produits financiers innovants qui répondent aux besoins des clients tout en intégrant les critères environnementaux, sociaux et de gouvernance (ESG). Par exemple, des solutions de paiement durables peuvent être développées pour réduire l'impact environnemental des transactions financières.

- Intégration des critères ESG

L'intégration des critères ESG dans les produits et services financiers est essentielle pour répondre aux attentes croissantes des consommateurs en matière de durabilité. Les banques peuvent travailler avec les fintechs pour développer des investissements verts accessibles via des applications mobiles, permettant aux clients de placer leur argent dans des projets respectueux de l'environnement. De plus, des services bancaires dédiés à la gestion responsable des finances personnelles peuvent être mis en place pour aider les clients à aligner leurs décisions financières avec leurs valeurs écologiques.

B 1 - Défis et perspectives futures

Malgré les avantages évidents, l'intégration des pratiques durables dans le secteur bancaire présente plusieurs défis. Les banques doivent surmonter des obstacles réglementaires et technologiques pour adopter pleinement ces innovations. De plus, il est crucial de sensibiliser les consommateurs aux avantages des produits financiers durables et de les encourager à adopter ces nouvelles pratiques.

À l'avenir, les collaborations entre banques de détail et fintechs durables devraient se renforcer, favorisant l'émergence de solutions toujours plus innovantes et durables. En adoptant une approche proactive et en investissant dans des technologies durables, les banques peuvent non seulement répondre aux attentes des consommateurs, mais aussi jouer un rôle clé dans la transition vers une économie plus verte et plus responsable.

C - L'intégration de l'intelligence artificielle et de l'analyse des données

L'intégration de l'intelligence artificielle (IA) et de l'analyse des données dans le secteur bancaire ne se limite pas seulement à l'optimisation des processus, mais contribue également de manière significative à l'engagement des banques en faveur du développement durable. Grâce à ces technologies, les banques peuvent affiner leurs modèles de risque, identifier les opportunités d'investissement durable et mieux comprendre les comportements de consommation liés aux préoccupations environnementales.

L'IA permet aux banques d'analyser d'énormes volumes de données et d'établir des liens entre différents indicateurs de performance environnementale, sociale et de gouvernance (ESG). Par exemple, en utilisant l'apprentissage automatique, les banques peuvent non seulement évaluer les risques ESG, mais aussi détecter des tendances émergentes dans des secteurs à haut potentiel durable. Ce type de technologie peut orienter les décisions d'octroi de crédit en favorisant des projets verts, tout en minimisant l'exposition à des secteurs à fort impact négatif sur l'environnement. Ainsi, l'IA contribue à une meilleure allocation des ressources et à une gestion proactive des risques climatiques, renforçant la stabilité à long terme des banques et de leurs portefeuilles d'investissements.

Par ailleurs, l'analyse des données devient un outil stratégique pour adapter les offres bancaires aux besoins de clients de plus en plus soucieux de l'impact environnemental de leurs choix financiers. L'utilisation des techniques de traitement de données massives permet aux banques d'analyser le comportement de leurs clients et d'identifier les tendances de consommation durable. Grâce à ces insights, elles sont en mesure de proposer des produits financiers plus en phase avec les attentes du public, comme des comptes épargne verts, des prêts à faible empreinte carbone ou des fonds d'investissement responsables. En combinant ces offres avec des technologies numériques comme les applications mobiles, les banques peuvent encourager leurs clients à adopter des comportements financiers plus durables, créant ainsi un cercle vertueux entre l'offre bancaire et la demande pour des produits financiers éthiques.

Pour illustrer ces propos, une étude de cas pourrait être menée sur l'utilisation de l'IA pour évaluer les risques climatiques dans les portefeuilles d'actifs. En intégrant des modèles prédictifs basés sur les données environnementales, les banques peuvent anticiper les perturbations potentielles liées au changement climatique, qu'il s'agisse de catastrophes naturelles, de réglementations environnementales plus strictes, ou de l'évolution des comportements des consommateurs. Ces outils permettent non seulement d'optimiser la gestion des risques, mais également d'orienter les investissements vers des projets plus résilients et alignés avec les objectifs de durabilité. Par exemple, certaines banques utilisent des algorithmes d'IA pour cartographier les risques d'inondation ou de sécheresse sur des biens immobiliers, ajustant ainsi leurs politiques de prêt et de tarification pour refléter ces risques.

Un autre aspect clé de l'intégration de l'IA dans le développement durable est l'amélioration de l'efficience opérationnelle. L'optimisation des processus internes, grâce à des technologies comme la robotique automatisée et les algorithmes d'apprentissage machine, permet de réduire la consommation d'énergie, de rationaliser les flux de travail, et de diminuer les déchets. Par exemple, l'utilisation de l'IA pour surveiller la consommation d'énergie dans les agences bancaires ou pour optimiser les déplacements des employés contribue non seulement à la réduction des coûts opérationnels, mais aussi à l'empreinte carbone de l'institution.

Enfin, il est pertinent d'aborder le rôle que joue la transparence des données dans l'évaluation et la communication des performances ESG. L'IA et l'analyse des données permettent aux banques de générer des rapports plus détaillés et précis sur leurs activités liées à la durabilité, améliorant ainsi la transparence pour les investisseurs et les régulateurs. Des tableaux de bord dynamiques basés sur l'IA peuvent suivre en temps réel l'empreinte carbone des actifs financiers ou l'impact social des prêts octroyés, ce qui facilite le reporting durable et renforce la confiance des parties prenantes. Cette transparence accrue peut également réduire le risque de "greenwashing", en garantissant que les affirmations des banques en matière de développement durable sont soutenues par des données vérifiables.

L'intégration de l'IA et de l'analyse des données dans le secteur bancaire représente un levier puissant pour favoriser le développement durable. En permettant une meilleure gestion des risques ESG, une plus grande personnalisation des offres durables, et une amélioration de l'efficience opérationnelle, ces technologies contribuent à transformer les banques de détail en acteurs clés de la transition vers une économie plus verte et plus équitable.

D - Le rôle des régulateurs dans la promotion du développement durable

Le rôle des régulateurs dans la promotion du développement durable prend de plus en plus d'importance dans le secteur bancaire, avec une attention croissante accordée à l'intégration des critères environnementaux, sociaux et de gouvernance (ESG) dans les pratiques des institutions financières. Les régulateurs jouent un rôle clé en définissant les cadres réglementaires qui incitent ou obligent les banques à intégrer des considérations durables dans leurs opérations et leurs décisions d'investissement.

L'introduction de normes comme celles liées aux fonds verts, à la transparence des risques climatiques, ou encore aux obligations de reporting ESG, met en lumière la nécessité pour les banques d'adapter leurs stratégies. Par exemple, certaines régulations imposent aux institutions bancaires de publier des rapports sur leur exposition aux risques climatiques et sur la manière dont elles contribuent à des objectifs de développement durable tels que ceux fixés par les Nations Unies. Ces exigences de transparence favorisent la responsabilisation des banques et renforcent leur engagement dans la finance durable, tout en fournissant aux investisseurs les informations nécessaires pour évaluer la performance ESG d'une institution.

En outre, les régulateurs ont également un rôle à jouer dans la création d'incitations économiques pour encourager les banques à soutenir des projets durables. Par exemple, certaines initiatives réglementaires proposent des conditions de financement plus favorables pour les banques qui investissent dans des projets respectueux de l'environnement, comme des prêts à taux réduit ou des allégements fiscaux. Ces incitations peuvent s'avérer particulièrement efficaces pour stimuler le financement de projets verts ou sociaux à grande échelle, tout en améliorant la rentabilité des investissements durables. En alignant les objectifs financiers des banques avec des priorités sociales et environnementales, les régulateurs contribuent à créer un environnement plus propice à l'émergence de solutions innovantes.

Le cadre réglementaire peut également jouer un rôle dans la standardisation des méthodologies d'évaluation des risques ESG. Face à la multiplicité des approches utilisées par les banques pour mesurer et gérer les risques environnementaux, sociaux et de gouvernance, les régulateurs s'efforcent de créer des normes harmonisées qui facilitent la comparaison et renforcent la crédibilité des évaluations ESG. Cette standardisation permet non seulement aux banques de mieux intégrer les critères de durabilité dans leurs processus de décision, mais elle offre également une plus grande transparence aux investisseurs et aux parties prenantes. En imposant des normes de qualité uniformes, les régulateurs renforcent la fiabilité des données ESG et contribuent à prévenir le "greenwashing" dans le secteur financier.

Un autre aspect essentiel du rôle des régulateurs est la supervision de l'adoption de nouveaux instruments financiers liés au développement durable, tels que les obligations vertes ou les prêts liés aux performances ESG. Ces instruments offrent aux banques de nouvelles possibilités d'attirer des capitaux en s'alignant sur des objectifs de durabilité, mais nécessitent également une surveillance accrue pour garantir que les fonds sont utilisés de manière transparente et efficace. Les régulateurs définissent des critères stricts pour ces instruments, garantissant que les fonds levés servent bien à financer des projets ayant un impact environnemental ou social mesurable. En assurant un suivi rigoureux des performances, ils créent un cadre de confiance qui encourage l'adoption de ces instruments à grande échelle.

Enfin, l'impact des régulateurs ne se limite pas aux directives contraignantes. Ils jouent également un rôle de catalyseur dans l'éducation des banques et des investisseurs sur les avantages du développement durable. En organisant des formations, des conférences et en publiant des guides de bonnes pratiques, les régulateurs aident les acteurs du secteur à mieux comprendre les enjeux ESG et à adapter leurs stratégies en conséquence. Ils soutiennent également l'émergence de partenariats publics-privés, facilitant la coopération entre les gouvernements, les institutions financières et les entreprises pour mettre en place des solutions innovantes répondant aux défis climatiques et sociaux.

Les régulateurs sont des acteurs essentiels dans la promotion du développement durable au sein du secteur bancaire. En imposant des exigences de transparence, en créant des incitations économiques et en standardisant les méthodologies d'évaluation des risques ESG, ils contribuent à façonner un secteur financier plus responsable et résilient. Grâce à leur action, les banques sont non seulement encouragées à intégrer les enjeux de durabilité dans leurs stratégies, mais elles sont également mieux préparées à répondre aux attentes croissantes des investisseurs et des clients en matière de finance éthique et durable.

En résumé, l'avenir des banques de détail sera profondément influencé par l'intégration croissante des critères ESG, l'adoption de technologies innovantes, et une collaboration étroite avec les fintechs durables. En intégrant les critères environnementaux, sociaux et de gouvernance dans leurs opérations, les banques pourront non seulement répondre aux attentes croissantes de leurs clients en matière de durabilité, mais aussi anticiper les risques et opportunités liés aux enjeux ESG.

L'adoption de nouvelles technologies, telles que l'intelligence artificielle et l'analyse des données, permettra aux banques de transformer leurs processus internes, d'améliorer l'efficacité opérationnelle et de personnaliser les services offerts. Ces technologies joueront un rôle clé dans l'identification des projets durables et l'évaluation des risques ESG, facilitant ainsi des décisions d'investissement plus éclairées et responsables.

La collaboration avec les fintechs durables ouvrira de nouvelles perspectives pour les banques de détail. Ces partenariats permettront de développer des solutions financières innovantes et adaptées aux préoccupations environnementales et sociales des clients. En travaillant ensemble, les banques et les fintechs pourront accélérer la transition vers une économie plus durable et inclusive.

Les institutions financières qui sauront s'adapter à ces évolutions seront en mesure de renforcer leur compétitivité, d'améliorer la satisfaction et la fidélité de leurs clients, et de jouer un rôle essentiel dans la promotion du développement durable. En embrassant ces changements, elles contribueront activement à un avenir financier plus responsable et résilient, tout en soutenant des projets ayant un impact positif sur la société et l'environnement.

PARTIE 5 – STRATÉGIES POUR UNE BANQUE DE DÉTAIL DURABLE

Dans un monde où les préoccupations environnementales, sociales et de gouvernance (ESG) prennent une importance croissante, les banques de détail se trouvent à un carrefour décisif. L'intégration des critères ESG dans leurs opérations n'est plus une option, mais une nécessité pour répondre aux attentes des clients, des régulateurs et des investisseurs. Ce chapitre explore les stratégies innovantes et les meilleures pratiques que les banques de détail peuvent adopter pour devenir des pionnières en matière de développement durable.

Les banques de détail jouent un rôle crucial dans la transition vers une économie plus durable. En adoptant des pratiques responsables, elles peuvent non seulement réduire leur empreinte écologique, mais aussi renforcer leur résilience face aux défis économiques et sociaux. Les initiatives ESG permettent aux banques de se différencier sur le marché, d'attirer une clientèle soucieuse de l'impact de ses choix financiers et de répondre aux exigences réglementaires de plus en plus strictes.

Parmi les stratégies abordées, nous examinerons comment les banques peuvent intégrer la durabilité dans leurs produits et services, en proposant des options de financement vert, des comptes d'épargne éthiques et des investissements responsables. Nous verrons également comment elles peuvent améliorer leur gouvernance interne en adoptant des politiques de transparence et de responsabilité, et en formant leurs employés aux enjeux ESG.

En outre, nous analyserons les avantages compétitifs que les banques peuvent tirer de l'adoption de pratiques durables. En se positionnant comme des leaders en matière de développement durable, elles peuvent non seulement améliorer leur image de marque, mais aussi attirer et fidéliser des clients et des talents partageant les mêmes valeurs. Les banques qui réussissent à intégrer les critères ESG dans leur stratégie globale seront mieux préparées pour faire face aux défis futurs et saisir les opportunités de croissance dans un monde en constante évolution.

Ce chapitre mettra en lumière des exemples concrets de banques ayant réussi à intégrer les critères ESG dans leurs opérations, illustrant ainsi les bénéfices tangibles de ces initiatives. En adoptant une approche proactive et innovante, les banques de détail peuvent non seulement contribuer à un avenir plus durable, mais aussi renforcer leur position sur le marché et assurer leur pérennité à long terme. Plongeons ensemble dans les stratégies et les meilleures pratiques qui permettront aux banques de détail de devenir des acteurs clés du développement durable.

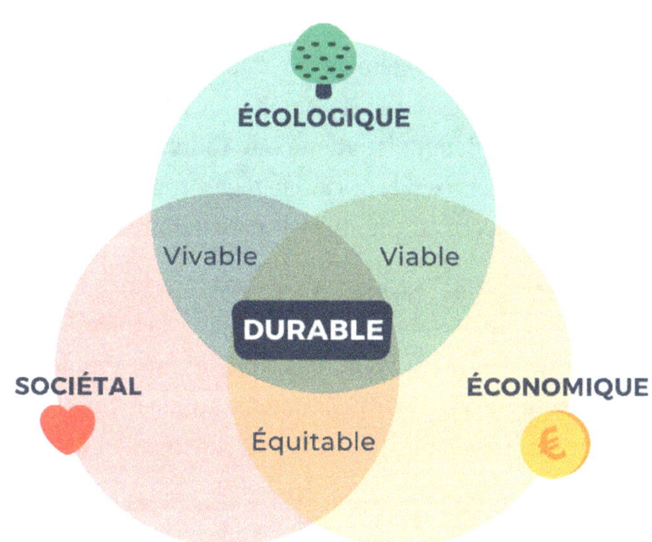

A - La stratégie d'intégration ESG

L'intégration des critères environnementaux, sociaux et de gouvernance (ESG) dans les opérations bancaires est une approche holistique qui implique de prendre en compte ces aspects à tous les niveaux de l'organisation. Cela signifie que les banques doivent revoir leurs processus internes, leurs produits financiers et leur gouvernance pour s'assurer qu'ils respectent les principes de durabilité.

Pour intégrer les critères ESG, les banques doivent commencer par évaluer et ajuster leurs processus internes. Cela inclut la mise en place de politiques et de procédures qui favorisent la durabilité. Par exemple, elles peuvent adopter des pratiques de gestion des ressources plus efficaces, réduire leur empreinte carbone et promouvoir la diversité et l'inclusion au sein de leur personnel.

La gouvernance joue également un rôle crucial. Les banques doivent créer des comités dédiés au suivi des performances ESG, composés de membres du conseil d'administration et de cadres supérieurs. Ces comités sont chargés de superviser la mise en œuvre des initiatives ESG et de s'assurer que les objectifs de durabilité sont atteints.

L'intégration des critères ESG dans les produits financiers est essentielle pour promouvoir la durabilité. Les banques peuvent développer des produits tels que des prêts verts, des obligations durables et des fonds d'investissement responsables. Ces produits sont conçus pour financer des projets qui ont un impact positif sur l'environnement et la société.

Par exemple, les prêts verts peuvent être utilisés pour financer des projets d'énergie renouvelable, des bâtiments écologiques ou des initiatives de conservation de l'eau. Les obligations durables, quant à elles, permettent de lever des fonds pour des projets qui contribuent à la réalisation des objectifs de développement durable (ODD).

Les politiques de prêt responsables sont un autre aspect clé de l'intégration des critères ESG. Les banques de détail doivent évaluer non seulement la rentabilité financière des projets qu'elles financent, mais aussi leur impact social et environnemental. Cela signifie qu'elles doivent refuser de financer des projets qui ont des effets négatifs significatifs, même s'ils sont rentables à court terme.

Par exemple, une banque pourrait refuser de financer un projet qui entraîne une déforestation excessive ou qui viole les droits des communautés locales. À la place, elle pourrait privilégier des projets qui favorisent la conservation de la biodiversité ou qui soutiennent le développement économique local de manière durable.

La formation des employés aux enjeux de durabilité est essentielle pour assurer une intégration efficace des critères ESG. Les banques doivent organiser des sessions de formation régulières pour sensibiliser leur personnel aux pratiques durables et aux risques ESG. Cela permet de créer une culture d'entreprise axée sur la durabilité et de s'assurer que tous les employés comprennent l'importance des critères ESG dans leurs activités quotidiennes.

La transparence est un élément clé de l'engagement en matière de durabilité. Les banques doivent publier des rapports de durabilité réguliers qui détaillent les actions prises pour améliorer leur performance ESG et les résultats obtenus. Ces rapports sont importants non seulement pour les régulateurs, mais aussi pour les clients, les investisseurs et les autres parties prenantes qui s'intéressent à la responsabilité sociale des entreprises.

Les rapports de durabilité doivent inclure des informations sur les objectifs ESG de la banque, les initiatives mises en œuvre pour atteindre ces objectifs, et les indicateurs de performance clés (KPI) utilisés pour mesurer les progrès réalisés. En étant transparentes sur leurs efforts et leurs résultats, les banques peuvent renforcer la confiance des parties prenantes et démontrer leur engagement envers la durabilité.

ESG

B - La stratégie d'innovation produit

L'innovation produit est une approche essentielle pour les banques de détail qui souhaitent se positionner comme des leaders en matière de durabilité. Cette stratégie consiste à développer des produits financiers qui répondent spécifiquement aux besoins des clients en matière de durabilité, tout en contribuant à un avenir plus vert et plus équitable.

Les banques peuvent proposer une gamme de produits financiers durables pour attirer et fidéliser une clientèle soucieuse de l'environnement et de la société. Voici quelques exemples concrets :

Ces prêts offrent des conditions avantageuses pour le financement de projets écologiques. Par exemple, ils peuvent être utilisés pour l'installation de panneaux solaires, la rénovation énergétique des bâtiments, ou encore le développement de technologies propres. Les conditions avantageuses peuvent inclure des taux d'intérêt réduits, des périodes de remboursement prolongées, ou des incitations fiscales.

Les banques peuvent créer des comptes d'épargne où les fonds déposés sont investis dans des projets respectueux de l'environnement. Ces comptes peuvent offrir des taux d'intérêt compétitifs tout en garantissant que les fonds sont utilisés pour financer des initiatives durables, telles que des projets d'énergie renouvelable, des programmes de conservation de la biodiversité, ou des initiatives de développement communautaire.

Ces fonds permettent aux clients d'investir dans des entreprises qui respectent les critères ESG. Les fonds d'investissement durables peuvent inclure des actions, des obligations, ou d'autres instruments financiers émis par des entreprises engagées dans des pratiques responsables. Ces fonds attirent une clientèle soucieuse de l'impact social et environnemental de ses investissements, tout en offrant des rendements financiers compétitifs.

L'innovation produit durable présente plusieurs avantages pour les banques de détail

En proposant des produits financiers durables, les banques peuvent attirer une clientèle croissante de consommateurs soucieux de l'environnement et de la société. Ces clients sont souvent prêts à payer une prime pour des produits qui alignent leurs valeurs personnelles avec leurs choix financiers.

Les produits financiers durables peuvent aider les banques à réduire les risques associés aux investissements traditionnels. Par exemple, les projets écologiques et les entreprises respectueuses des critères ESG sont souvent moins exposés aux risques réglementaires, aux litiges, et aux fluctuations des prix des matières premières.

En innovant dans le domaine des produits financiers durables, les banques peuvent renforcer leur réputation en tant qu'acteurs responsables et engagés. Cela peut améliorer leur image de marque, attirer des talents, et renforcer la confiance des parties prenantes.

Pour réussir l'innovation produit, les banques doivent adopter une approche proactive et collaborative. Voici quelques étapes clés :

Les banques doivent investir dans la recherche et le développement pour identifier les besoins des clients en matière de durabilité et concevoir des produits financiers innovants. Cela peut inclure des études de marché, des enquêtes auprès des clients, et des collaborations avec des experts en durabilité.

Les employés doivent être formés aux enjeux de durabilité et aux caractéristiques des nouveaux produits financiers. Cela permet de s'assurer qu'ils peuvent conseiller efficacement les clients et promouvoir les produits durables.

Les banques doivent communiquer clairement les avantages des produits financiers durables à leurs clients. Cela peut inclure des campagnes de marketing, des événements de sensibilisation, et des partenariats avec des organisations environnementales et sociales.

Les banques doivent mettre en place des mécanismes de suivi et d'évaluation pour mesurer l'impact des produits financiers durables et identifier les opportunités d'amélioration. Cela peut inclure des indicateurs de performance clés (KPI), des audits internes, et des rapports de durabilité.

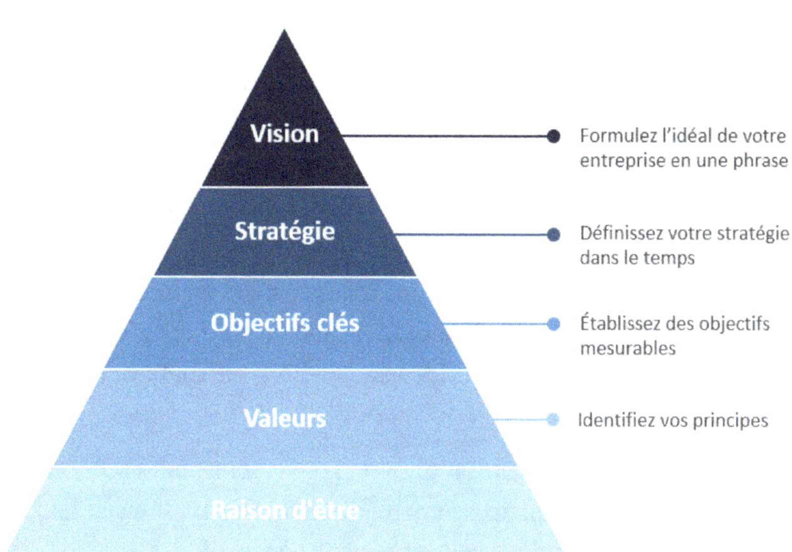
Vision
Stratégie
Objectifs clés
Valeurs
Raison d'être
Formulez l'idéal de votre entreprise en une phrase
Définissez votre stratégie dans le temps
Établissez des objectifs mesurables
Identifiez vos principes

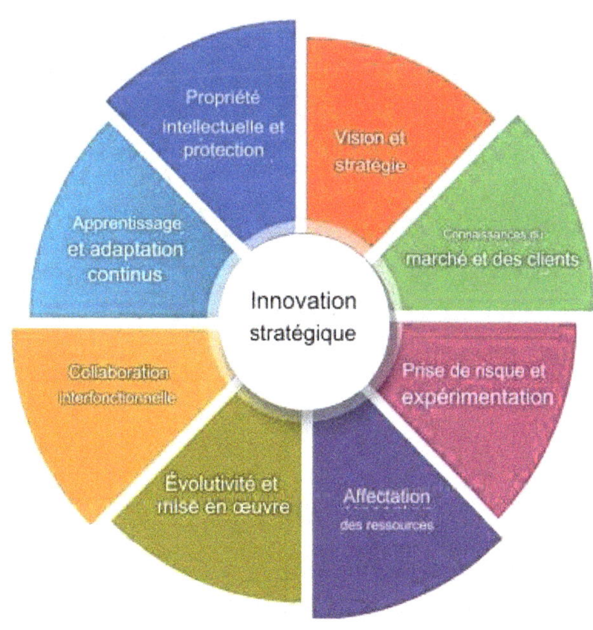
Propriété intellectuelle et protection
Vision et stratégie
Connaissances du marché et des clients
Apprentissage et adaptation continus
Innovation stratégique
Prise de risque et expérimentation
Collaboration interfonctionnelle
Évolutivité et mise en œuvre
Affectation des ressources

C - La stratégie de collaboration

Les partenariats avec les fintechs peuvent jouer un rôle crucial dans l'innovation des services bancaires. Ces entreprises technologiques peuvent offrir des solutions numériques qui facilitent l'accès à des produits financiers durables. Par exemple, des applications peuvent être développées pour aider les clients à suivre leurs dépenses, à évaluer l'impact environnemental de leurs choix financiers, ou à investir dans des projets durables. L'intégration de technologies avancées permet également d'améliorer l'efficacité opérationnelle des banques tout en soutenant des initiatives de durabilité.

Les collaborations avec des organisations non gouvernementales (ONG) permettent aux banques de mieux comprendre les enjeux sociaux et environnementaux. Ces partenariats peuvent aider à concevoir des produits financiers qui répondent aux besoins des communautés locales et qui soutiennent des projets de développement durable. Par exemple, une banque pourrait travailler avec une ONG pour développer des prêts à taux réduit destinés à des projets d'énergie renouvelable ou à des initiatives de microfinance pour les entrepreneurs locaux.

Les banques doivent également collaborer étroitement avec les régulateurs pour s'assurer qu'elles respectent les normes de durabilité. Cela inclut non seulement la conformité aux réglementations existantes, mais aussi la participation active à l'élaboration de nouvelles politiques qui favorisent des pratiques financières responsables. En établissant un dialogue constructif avec les régulateurs, les banques peuvent influencer les décisions qui affectent le secteur financier et promouvoir un cadre réglementaire propice à la durabilité.

Pour que ces collaborations soient efficaces, il est essentiel de sensibiliser et de former le personnel des banques aux enjeux du développement durable. Des programmes de formation peuvent être mis en place pour aider les employés à comprendre comment leurs actions quotidiennes contribuent aux objectifs de durabilité de l'institution. Cela peut également inclure des initiatives de sensibilisation à destination des clients pour promouvoir des comportements financiers responsables.

Les banques peuvent développer des produits financiers spécifiquement conçus pour encourager des comportements durables. Cela peut inclure des prêts verts, des investissements dans des fonds durables, ou des comptes d'épargne qui offrent des taux d'intérêt plus élevés pour les dépôts liés à des projets écologiques. En proposant ces produits, les banques peuvent non seulement attirer une clientèle soucieuse de l'environnement, mais aussi jouer un rôle actif dans la transition vers une économie plus durable.

En résumé, la stratégie de collaboration des banques de détail pour promouvoir le développement durable repose sur des partenariats avec des fintechs, des ONG, et des régulateurs, ainsi que sur l'engagement à sensibiliser et à former le personnel. En développant des produits financiers innovants et durables, les banques peuvent non seulement améliorer leur image, mais aussi contribuer à un avenir plus durable pour la société.

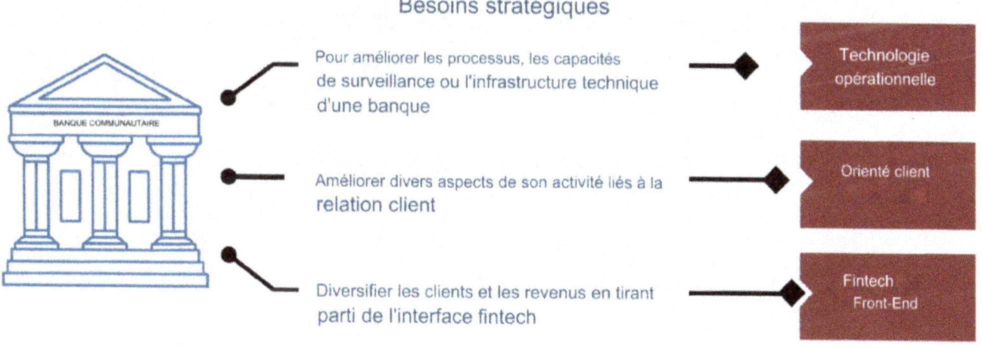

Chaque type de partenariat entre une banque communautaire et une fintech cible les besoins et objectifs spécifiques d'une banque communautaire.

D - La stratégie de formation et d'engagement des employés

Le succès des stratégies de durabilité dans les entreprises repose largement sur l'engagement des employés. Pour que cet engagement soit effectif, il est essentiel de mettre en place une stratégie de formation et d'engagement qui sensibilise les équipes aux enjeux environnementaux, sociaux et de gouvernance (ESG).

La formation continue est un outil stratégique pour renforcer l'engagement des employés. Elle permet non seulement d'améliorer les compétences professionnelles, mais aussi de favoriser un sentiment d'appartenance et de valorisation au sein de l'entreprise. Par exemple, une banque pourrait organiser des ateliers sur les enjeux ESG, permettant aux employés de comprendre comment leurs actions quotidiennes peuvent contribuer à des objectifs de durabilité. Cette approche peut inclure des sessions pratiques où les employés appliquent directement ce qu'ils ont appris dans leur travail.

Pour que l'engagement des employés soit durable, il est crucial de créer une culture d'entreprise qui valorise la durabilité. Cela peut être réalisé à travers plusieurs initiatives :

- **Programmes de volontariat** : Encourager les employés à participer à des activités communautaires ou environnementales. Par exemple, une journée de nettoyage des plages ou une collecte de fonds pour des projets écologiques peut renforcer le sentiment d'équipe et de responsabilité sociale.

- **Challenges environnementaux :** Mettre en place des compétitions internes pour réduire l'empreinte carbone de l'entreprise. Les équipes pourraient être invitées à proposer des idées innovantes pour économiser de l'énergie ou réduire les déchets, avec des récompenses pour les meilleures initiatives.

Incentives pour des pratiques durables : Offrir des incitations aux employés qui adoptent des comportements durables dans leur vie personnelle, comme l'utilisation des transports en commun ou le recyclage. Cela peut prendre la forme de réductions sur les abonnements de transport ou de primes pour des initiatives personnelles.

Pour maximiser l'engagement des employés, plusieurs stratégies peuvent être mises en œuvre :

- **Flexibilité dans la formation :** Permettre aux employés de choisir quand et comment ils souhaitent se former. Par exemple, offrir des cours en ligne ou des sessions en présentiel selon leur préférence.

- **Utilisation de méthodes interactives :** Incorporer des jeux de rôle ou des simulations dans la formation pour rendre l'apprentissage plus engageant et pertinent. Cela aide les employés à voir comment les concepts de durabilité s'appliquent à des situations réelles.

- **Feedback régulier :** Créer un environnement où les employés se sentent à l'aise de donner et de recevoir des retours. Cela peut être facilité par des enquêtes régulières sur leur satisfaction et leur engagement, permettant à la direction d'ajuster les initiatives en fonction des besoins exprimés.

- **Reconnaissance des efforts :** Valoriser les contributions des employés en matière de durabilité, que ce soit par des récompenses formelles ou des simples remerciements. Cela peut renforcer leur motivation à s'impliquer davantage.

En intégrant ces éléments dans une stratégie de formation et d'engagement, les entreprises peuvent non seulement améliorer la sensibilisation aux enjeux ESG, mais aussi créer un environnement de travail où les employés se sentent valorisés et motivés à contribuer à des objectifs communs. Une telle approche favorise non seulement la durabilité, mais aussi la performance globale de l'entreprise.

En adoptant des stratégies axées sur le développement durable, les banques de détail ne se contentent pas de répondre aux attentes croissantes de leurs clients ; elles se positionnent également comme des acteurs clés dans la transition vers une économie plus verte et inclusive. Dans un monde où les préoccupations environnementales et sociales prennent de plus en plus d'importance, il est impératif pour ces institutions de repenser leurs modèles d'affaires et d'intégrer des pratiques durables au cœur de leurs opérations.

Le développement durable représente une opportunité économique considérable. En investissant dans des projets d'énergie renouvelable, en offrant des produits financiers responsables et en intégrant des critères environnementaux, sociaux et de gouvernance (ESG) dans leurs décisions d'investissement, les banques peuvent non seulement générer des retours financiers attractifs, mais aussi contribuer à la création d'un avenir plus durable. Cette approche proactive leur permet de se différencier sur un marché de plus en plus compétitif, tout en renforçant leur réputation et leur relation avec les clients.

De plus, en adoptant des pratiques internes plus responsables, telles que la réduction de leur empreinte carbone et l'amélioration de la transparence de leurs opérations, les banques montrent l'exemple et inspirent d'autres secteurs à suivre cette voie. Cela renforce leur rôle de leaders dans la finance durable et leur permet de jouer un rôle actif dans la lutte contre le changement climatique et les inégalités sociales.

En somme, le développement durable n'est pas seulement une obligation morale pour les banques, mais une véritable stratégie d'avenir. Celles qui sauront saisir cette opportunité et intégrer la durabilité dans leur ADN seront mieux préparées à relever les défis économiques et environnementaux de demain, tout en assurant leur propre pérennité dans un monde en constante évolution. En agissant ainsi, elles contribuent non seulement à un avenir meilleur pour leurs clients et la société, mais aussi à la création d'un système financier plus résilient et responsable.

CONCLUSION

Le développement durable est devenu un impératif stratégique pour les banques de détail, non seulement en raison des pressions sociétales et réglementaires, mais aussi en raison des opportunités qu'il présente pour l'innovation et la croissance. Dans un contexte mondial marqué par des défis environnementaux, sociaux et économiques croissants, les banques doivent réévaluer leurs modèles d'affaires pour s'assurer qu'elles répondent aux attentes d'une clientèle de plus en plus consciente des enjeux de durabilité.

Historiquement, le secteur bancaire a souvent été perçu comme déconnecté des enjeux environnementaux. Cependant, le changement climatique, la perte de biodiversité et les inégalités sociales exigent une réponse proactive de la part de toutes les institutions financières. Les banques de détail, en tant qu'intermédiaires financiers de proximité, ont une responsabilité unique. En intégrant des pratiques durables dans leur fonctionnement quotidien, elles peuvent non seulement réduire leur empreinte écologique, mais aussi influencer positivement le comportement de leurs clients et partenaires.

Un élément clé dans cette réévaluation réside dans la nécessité d'intégrer les risques environnementaux, sociaux et de gouvernance (ESG) dans la gestion quotidienne des risques bancaires. Les institutions financières se tournent de plus en plus vers des approches qui tiennent compte de ces risques, non seulement pour se conformer aux exigences réglementaires, mais aussi pour anticiper les changements dans les comportements des clients et des investisseurs. En identifiant les secteurs à fort impact environnemental et en réorientant leurs portefeuilles vers des actifs plus durables, les banques de détail peuvent se protéger contre les perturbations liées aux crises climatiques et se prémunir contre des sanctions financières potentielles.

Les banques de détail ont un rôle déterminant à jouer dans la création de nouveaux produits financiers. Outre les prêts verts et les investissements responsables, des initiatives innovantes comme les produits financiers incitatifs pour les particuliers ou les entreprises engagées dans des pratiques durables permettent aux banques de capter une nouvelle clientèle. Ces initiatives peuvent s'appuyer sur des mécanismes tels que des réductions de taux d'intérêt pour des projets conformes aux objectifs de développement durable ou des produits d'épargne dédiés au financement de projets à impact positif. Par exemple, une étude de cas pourrait être menée sur l'impact des produits d'épargne verte, qui permettent aux clients de financer des projets environnementaux tout en percevant des rendements compétitifs.

L'importance de l'engagement des parties prenantes ne saurait être sous-estimée. Les banques de détail, en collaborant avec les communautés locales, les gouvernements et les organisations non gouvernementales, peuvent renforcer leur impact sur le développement durable tout en créant des synergies bénéfiques pour toutes les parties. Ces partenariats ouvrent la voie à la co-création de solutions qui non seulement bénéficient aux banques en termes de rentabilité, mais contribuent également à résoudre des enjeux globaux, tels que la réduction des émissions de carbone ou l'accès aux services financiers dans les régions sous-desservies. Les banques, grâce à leur présence locale et à leur relation de proximité avec leurs clients, peuvent encourager des comportements responsables tout en renforçant leur crédibilité en tant qu'institutions soucieuses du bien-être collectif.

L'aspect technologique joue également un rôle prépondérant dans cette transformation. L'utilisation de l'intelligence artificielle et de l'analyse des données pour évaluer les risques climatiques et les performances ESG permet aux banques de prendre des décisions plus éclairées et de mieux orienter leurs ressources. Par exemple, les banques qui exploitent les données pour cartographier les risques environnementaux liés à leurs portefeuilles immobiliers ou à leurs clientes entreprises peuvent non seulement protéger leurs actifs, mais aussi inciter leurs clients à adopter des pratiques plus durables. Une telle démarche proactive pourrait être illustrée par une étude de cas sur l'usage de l'IA dans la gestion des risques environnementaux, où les données climatiques sont intégrées dans les modèles de risque bancaire pour ajuster les politiques de crédit.

De plus, l'adoption de technologies émergentes telles que la blockchain peut renforcer la transparence et la traçabilité des transactions financières durables. Cette technologie permet de suivre l'utilisation des fonds alloués à des projets durables, assurant ainsi une meilleure accountability et une confiance accrue des investisseurs.

Enfin, les banques de détail doivent intégrer une dimension éducative dans leur approche du développement durable. Il ne suffit pas de proposer des produits financiers éthiques ; il est crucial de sensibiliser les clients aux avantages de ces produits et de les encourager à adopter des comportements financiers durables. Par exemple, des programmes de formation ou des campagnes de sensibilisation peuvent être développés pour inciter les clients à investir dans des fonds socialement responsables ou à opter pour des prêts verts pour leurs projets personnels. Ces actions participent à la création d'une culture de durabilité au sein même du secteur bancaire et permettent d'ancrer ces pratiques dans le comportement des consommateurs à long terme.

L'adoption de pratiques durables peut également conduire à une optimisation des opérations internes des banques. Par exemple, l'optimisation de la consommation d'énergie, la réduction des déchets et l'adoption de politiques d'approvisionnement responsable peuvent non seulement diminuer l'empreinte écologique des institutions financières, mais également générer des économies substantielles à long terme. L'utilisation de technologies telles que la robotique automatisée et les algorithmes d'apprentissage machine peut rationaliser les flux de travail, réduire la consommation d'énergie et minimiser les déchets, contribuant ainsi à une meilleure efficacité opérationnelle et à une réduction des coûts.

Un autre aspect essentiel de l'intégration du développement durable dans le secteur bancaire est la mesure et le reporting de la performance ESG. Les banques doivent adopter des outils et des méthodologies robustes pour évaluer leur impact environnemental et social, ainsi que leur gouvernance. Des systèmes de reporting transparents et fiables permettent aux institutions financières de communiquer efficacement leurs progrès en matière de durabilité aux investisseurs, régulateurs et autres parties prenantes. L'utilisation de standards internationaux tels que les Principes pour l'Investissement Responsable (PRI) ou les normes GRI (Global Reporting Initiative) peut faciliter cette démarche, assurant une comparabilité et une crédibilité accrues des rapports ESG.

Malgré les nombreux avantages, l'intégration du développement durable dans le secteur bancaire n'est pas sans défis. Les banques de détail doivent naviguer à travers des barrières telles que la résistance au changement organisationnel, le manque de compétences spécialisées en matière de durabilité, et les coûts initiaux associés à l'adoption de nouvelles technologies et pratiques. De plus, la complexité des régulations internationales et la variabilité des standards ESG peuvent compliquer la mise en œuvre de stratégies durables uniformes à l'échelle mondiale. Pour surmonter ces obstacles, il est crucial que les banques investissent dans la formation de leurs employés, développent des partenariats stratégiques et adoptent une approche progressive et intégrée de la durabilité.

L'intégration du développement durable a également un impact positif sur la performance financière et la réputation des banques de détail. En adoptant des pratiques durables, les banques peuvent améliorer leur image de marque, attirer une clientèle fidèle et diversifiée, et accéder à de nouveaux segments de marché. De plus, une gestion proactive des risques ESG peut réduire les incidences de crises financières liées à des facteurs environnementaux ou sociaux, contribuant ainsi à une stabilité financière accrue. Les études montrent que les institutions financières engagées dans la durabilité tendent à bénéficier d'une meilleure performance à long terme, grâce à une gestion plus efficace des risques et à une capacité accrue à saisir les opportunités émergentes dans le domaine de la finance verte.

À l'avenir, le rôle des banques de détail dans la promotion du développement durable devrait continuer à s'amplifier. Les tendances émergentes telles que la finance climatique, les obligations vertes et les initiatives de neutralité carbone indiqueront une évolution continue vers des pratiques financières plus responsables. Les banques devront également s'adapter aux attentes changeantes des consommateurs, qui deviennent de plus en plus exigeants en matière de transparence et de responsabilité sociale et environnementale. L'innovation technologique, notamment dans les domaines de l'intelligence artificielle, de la blockchain et des technologies financières (FinTech), jouera un rôle crucial dans la facilitation de cette transition, en offrant des outils avancés pour la gestion des risques, la personnalisation des produits et la communication des performances ESG.

En conclusion, le développement durable dans le secteur bancaire dépasse le simple cadre de la conformité réglementaire. C'est une opportunité stratégique, un vecteur d'innovation et un catalyseur de changement qui permet aux banques de détail d'accompagner la transition vers une économie plus durable et résiliente. En intégrant des pratiques responsables à tous les niveaux, depuis la gestion des risques jusqu'à la création de nouveaux produits financiers, en passant par la sensibilisation des clients, les banques de détail ne répondent pas uniquement aux exigences externes. Elles se positionnent comme des leaders de la transformation vers un monde plus équitable, tout en assurant leur pérennité et leur rentabilité dans un environnement en constante mutation. Les banques qui saisissent cette opportunité contribueront activement à construire une société plus résiliente, où finance et durabilité coexistent harmonieusement pour le bien commun.

Cette approche proactive et intégrée du développement durable est, sans aucun doute, la voie à suivre pour les banques de détail qui souhaitent prospérer dans un environnement économique de plus en plus conscient des enjeux globaux. En adoptant une vision à long terme axée sur la durabilité, les banques peuvent non seulement renforcer leur compétitivité et leur attractivité, mais aussi jouer un rôle déterminant dans la construction d'un avenir plus soutenable pour les générations futures. La transition vers des pratiques bancaires durables n'est pas seulement une réponse aux pressions externes, mais une stratégie intrinsèquement bénéfique qui aligne les objectifs financiers avec les impératifs environnementaux et sociaux, assurant ainsi la résilience et la prospérité continue du secteur bancaire dans un monde en perpétuelle évolution.

Perspectives d'Avenir et Recommandations, pour assurer une transition réussie vers la durabilité, les banques de détail devraient envisager les actions suivantes :

Renforcement de la Gouvernance d'Entreprise : Intégrer les critères ESG au niveau de la gouvernance d'entreprise pour garantir que les décisions stratégiques sont alignées avec les objectifs de durabilité.

Investissement dans la Technologie : Continuer à investir dans des technologies avancées telles que l'intelligence artificielle, la blockchain et le big data pour améliorer la gestion des risques, la personnalisation des services et la transparence des opérations.

Formation et Développement des Compétences : Former les employés aux enjeux de la durabilité et aux compétences nécessaires pour intégrer les pratiques ESG dans leurs rôles quotidiens.

Collaboration et Partenariats : Établir des partenariats avec des acteurs clés tels que les gouvernements, les ONG et les entreprises technologiques pour co-développer des solutions innovantes et partager les meilleures pratiques en matière de durabilité.

Transparence et Communication : Renforcer la transparence des rapports ESG et communiquer de manière claire et cohérente sur les initiatives et les progrès réalisés en matière de durabilité.

Innovation dans les Produits Financiers : Développer une gamme diversifiée de produits financiers durables, adaptés aux différents segments de clientèle, pour répondre aux besoins spécifiques en matière d'investissement éthique et de financement vert.

Mesure et Évaluation Continues : Mettre en place des systèmes robustes de mesure et d'évaluation de la performance ESG pour suivre les progrès, identifier les domaines d'amélioration et garantir la conformité avec les normes internationales.

En adoptant ces recommandations, les banques de détail peuvent non seulement répondre aux défis actuels, mais aussi anticiper les évolutions futures du marché, se positionnant ainsi comme des acteurs clés dans la transition vers une économie mondiale plus durable et résiliente.

Contribution à une Société Plus Équitable et Durable : Les banques de détail, par leur rôle central dans le système financier, ont le potentiel d'influencer positivement les comportements économiques et sociaux. En finançant des projets durables, en promouvant des pratiques responsables et en éduquant leurs clients, elles contribuent activement à la création d'une société plus équitable et respectueuse de l'environnement. Cette contribution va au-delà des simples bénéfices économiques, englobant des avantages sociaux et environnementaux qui bénéficient à l'ensemble de la communauté.

La mise en œuvre de stratégies durables dans le secteur bancaire est donc une démarche holistique qui nécessite une vision à long terme, une collaboration intersectorielle et un engagement continu envers l'innovation et l'amélioration. Les banques de détail qui réussiront à intégrer pleinement ces principes dans leurs opérations et leurs stratégies seront non seulement mieux préparées à faire face aux défis futurs, mais joueront également un rôle essentiel dans la construction d'un avenir plus soutenable pour tous.

En définitive, le développement durable dans le secteur bancaire n'est pas une option, mais une nécessité impérieuse pour assurer la pérennité et la prospérité des institutions financières dans un monde en mutation rapide. Les banques de détail, en adoptant des pratiques durables, peuvent non seulement renforcer leur résilience face aux risques émergents, mais aussi saisir de nouvelles opportunités de croissance et d'innovation. Cette transformation vers une finance plus responsable et éthique est essentielle pour répondre aux attentes des consommateurs, des investisseurs et des régulateurs, tout en contribuant à un avenir plus équitable et durable pour les générations futures.

Les banques qui s'engagent pleinement dans cette transition ne se contentent pas de survivre dans un paysage économique en évolution, elles deviennent des leaders et des modèles dans la promotion de la durabilité, influençant positivement l'ensemble du secteur financier et au-delà. En intégrant le développement durable au cœur de leur stratégie, les banques de détail jouent un rôle crucial dans la construction d'une économie mondiale plus résiliente, inclusive et respectueuse de l'environnement, assurant ainsi leur propre succès à long terme tout en contribuant au bien-être collectif.

Réflexions finales

La transformation vers une banque de détail durable n'est plus une simple option ; elle s'impose désormais comme une nécessité stratégique face aux enjeux économiques, environnementaux, et sociaux contemporains. À travers cette évolution, les banques peuvent à la fois sécuriser leur avenir commercial tout en contribuant à un monde plus équitable et résilient sur le plan écologique.

Traditionnellement, les banques de détail se concentraient sur la maximisation du profit à court terme, en se basant sur des critères financiers classiques. Toutefois, à l'ère des défis climatiques et des bouleversements sociaux, ce modèle est en train de se redéfinir. La durabilité devient un moteur de croissance incontournable, transformant non seulement les pratiques commerciales, mais aussi les attentes des clients et des parties prenantes.

Les clients sont aujourd'hui plus informés et plus soucieux des impacts environnementaux et sociaux de leurs choix financiers. Ils exigent des institutions bancaires qu'elles prennent des mesures pour soutenir des projets qui favorisent la durabilité, tant au niveau environnemental qu'éthique. La banque de détail moderne doit donc aller au-delà de la simple offre de services financiers, et adopter un rôle plus large en tant que facilitateur du changement durable.

Les opportunités économiques liées à la durabilité sont vastes et variées. Par exemple, l'essor des produits financiers verts et socialement responsables, tels que les obligations vertes et les fonds d'investissement durable, offre aux banques l'opportunité d'attirer une nouvelle clientèle tout en diversifiant leurs sources de revenus.

Les éco-prêts, conçus pour financer des projets ayant un impact environnemental positif, tels que les rénovations énergétiques ou les énergies renouvelables, sont devenus des outils essentiels pour répondre à la demande croissante des particuliers et des entreprises en quête de solutions durables. Ces produits financiers, souvent assortis de conditions avantageuses pour les emprunteurs, créent une situation gagnant-gagnant :

les clients bénéficient de financements plus abordables pour des projets écoresponsables, tandis que les banques améliorent leur image de marque et fidélisent leur clientèle.

Les études montrent que les investissements durables, en plus de générer des rendements attractifs à long terme, offrent également une meilleure résilience face aux crises économiques. Par exemple, des analyses post-crise de 2008 ont démontré que les entreprises ayant intégré des critères environnementaux, sociaux et de gouvernance (ESG) ont mieux résisté aux chocs financiers que celles qui ne l'ont pas fait. Cette résilience constitue un argument de poids pour inciter les banques à poursuivre et à accélérer leur transition vers des modèles plus durables.

La Réponse des Régulateurs : Vers une Normalisation de la Finance Durable

La réglementation joue un rôle clé dans l'évolution des pratiques bancaires en matière de durabilité. De nombreuses institutions publiques et agences de régulation, à l'échelle mondiale, reconnaissent désormais l'importance de la finance durable et encouragent son adoption à travers divers mécanismes, tels que les exigences de transparence ou les incitations fiscales.

L'émergence de cadres réglementaires spécifiques, comme la taxonomie verte européenne, représente une avancée majeure. Elle offre une base commune pour évaluer la durabilité des activités économiques, apportant ainsi de la clarté et de la cohérence aux investisseurs et aux banques. Cela crée également une pression positive sur les institutions financières pour qu'elles harmonisent leurs pratiques et intensifient leurs efforts en faveur du financement de la transition écologique.

Cependant, il reste des obstacles à surmonter, notamment l'absence de normalisation au niveau mondial, ce qui complique la tâche des banques opérant dans plusieurs juridictions. Malgré cela, la tendance est claire : les régulateurs du monde entier convergent progressivement vers des exigences accrues en matière de reporting et de divulgation des performances ESG, obligeant les banques à adopter des pratiques plus transparentes et plus responsables.

L'Importance de la Collaboration pour Maximiser l'Impact

Le développement durable dans le secteur bancaire ne peut se faire en vase clos. Pour maximiser leur impact, les banques doivent renforcer leurs collaborations avec d'autres acteurs de l'écosystème financier et au-delà. Cela inclut non seulement les gouvernements, mais aussi les ONG, les entreprises du secteur privé et les organisations internationales.

Les partenariats public-privé sont particulièrement efficaces pour financer des projets d'infrastructure verte, tels que les réseaux de transport propre, les installations d'énergie renouvelable, ou encore les initiatives de reforestation. En s'associant à des entreprises et des gouvernements locaux, les banques peuvent non seulement diversifier leurs portefeuilles d'investissements durables, mais aussi jouer un rôle crucial dans la réalisation des objectifs de développement durable (ODD) définis par les Nations Unies.

Par ailleurs, les collaborations avec des ONG permettent aux banques d'accéder à des expertises spécifiques dans des domaines tels que la biodiversité ou la lutte contre le changement climatique. Ces partenariats offrent aux institutions bancaires une opportunité unique de co-développer des solutions innovantes tout en renforçant leur légitimité auprès du grand public.

Innovation Technologique : Un Catalyseur pour la Durabilité

L'innovation technologique représente un levier de transformation essentiel pour les banques de détail. L'intégration de l'intelligence artificielle (IA), du big data, et des technologies blockchain peut considérablement améliorer l'efficacité des opérations bancaires tout en soutenant des pratiques plus durables.

L'IA, par exemple, permet d'optimiser la gestion des risques en matière de durabilité en analysant des volumes massifs de données pour évaluer avec précision les risques liés au changement climatique, aux catastrophes naturelles, ou encore aux crises sociales. De plus, les technologies blockchain peuvent faciliter la traçabilité des flux de capitaux, garantissant ainsi que les fonds investis dans des projets dits « durables » sont effectivement utilisés à des fins écologiques ou sociales.

Le développement de nouveaux outils technologiques permet également aux banques de mieux comprendre les attentes et les besoins de leurs clients en matière de durabilité. Des plateformes numériques peuvent désormais proposer des produits financiers personnalisés, qui tiennent compte des préférences éthiques des utilisateurs, leur offrant ainsi la possibilité d'investir dans des projets en accord avec leurs valeurs personnelles.

Une Stratégie à Long Terme : Des Bénéfices Multiples

Adopter une stratégie de durabilité n'est pas seulement une question de conformité ou d'image ; c'est aussi une démarche qui peut générer des bénéfices à long terme. Les banques de détail qui intègrent des pratiques durables constatent souvent des améliorations significatives dans leur efficacité opérationnelle. L'optimisation de la consommation d'énergie, la réduction des déchets, et l'utilisation de technologies écologiques peuvent réduire les coûts à moyen et long terme, tout en créant de nouvelles opportunités commerciales.

Les banques qui s'engagent dans cette transition attirent également des investisseurs de plus en plus intéressés par des solutions financières durables. Ces investisseurs, souvent plus patients, sont prêts à accepter des rendements légèrement inférieurs en échange d'une contribution à des causes sociales ou environnementales. Cela permet aux banques de diversifier leurs sources de financement tout en renforçant leur stabilité financière.

En définitive, le passage vers une banque de détail durable est bien plus qu'une tendance passagère : il s'agit d'un changement de paradigme nécessaire pour répondre aux enjeux contemporains. Les institutions bancaires qui réussissent cette transition ne se contenteront pas de s'adapter à un environnement en mutation ; elles deviendront des leaders et des catalyseurs d'une transformation sociétale plus large.

La finance durable est appelée à jouer un rôle central dans la redéfinition du secteur bancaire au 21e siècle. Les banques de détail qui intègrent ces principes dans leur stratégie, qui investissent dans l'innovation technologique, et qui collaborent avec des partenaires de différents secteurs, contribueront non seulement à la construction d'une économic plus verte et plus inclusive, mais elles assureront également leur propre pérennité à long terme.

BIBLIOGRAPHIE

Ouvrages

Allemand, I., & Brullebaut, B. (2007). Développement durable : Un état des lieux du secteur bancaire. Cahiers du CEREN, 21(2007), 32-51.

Carole Mathieu. Le secteur des énergies fossiles face au risque carbone. IFRI. Paris. ISBN : 978-2-36567-371-6. Disponible sur le site https://www.ifri.org/sites/default/files/atoms/files/actuelle_risque_carbone_cm_avril15.pdf

Clark, G. L., McGill, S., Saito., and Viehs, M. (2015). Institutional shareholder engagement with Japanese firms. Annals in Social Responsibility, 1(1), 30–56. Disponible à l'adresse https://www.researchgate.net/publication/282408043_Institutional_shareholder_engagement_with_Japanese_firms

Cravero, G., & Crifo, P. (2021). La finance durable, nouvel enjeu de la compétition économique mondiale. Politique étrangère, 3, 79-92

Duboin, M., & Giraudeau, H. (2023). J'arrête de surconsommer ! : 21 jours pour sauver la planète (et mon compte en banque !). Editions Eyrolles

Elabidi, H. & Hamdi, B. (2011). Des banques préoccupées par le développement durable : Le cas de la société Fortis. Gestion, 36, 66-73. https://doi.org/10.3917/riges.361.0066

Granier, C., & Rigot, S. (2021). La finance durable-Où en est la recherche académique ?
Entreprise & Société, 2021(9), 149-173.

Jounot, A. (2010). RSE et développement durable. AFNOR

Kim Schumacher, Hugues Chenet, et Ulrich Volz. Sustainable Finance in Japan. ADBI Working Paper 1083. Dsponible à l'adresse https://www.adb.org/sites/default/files/publication/571621/adbi-wp1083.pdf

Leibniz Institute for Economic Research at the University of Munich. Was uns die Energiewende Wirklich Kosten Wird. Disponible à l'adresse https://ideas.repec.org/b/ces/ifofob/57.html

Marc Ringel, Saranda Mjekic. Analyzing the Role of Banks in Providing Green Finance for Retail Customers : The Case of Germany. Mai 2023. Sustainability Journal. Volume 15. Issue 11.10.3390/su15118745. Disponible à l'adresse https://www.mdpi.com/2071-1050/15/11/8745#B3-sustainability-15-08745

Maymo, V., & Murat, G. (2020). La Boîte à outils du développement durable et de la RSE. Dunod

Maymo, V., & Pallas Saltiel, V. (2011). L'intégration du développement durable dans le financement bancaire aux entreprises. La Revue des sciences de gestion, (1), 139-147.

Moreau, Q. (2022). Trois essais en finance durable (Doctoral dissertation, Université Paris sciences et lettres).

Marlène Morin. Banque et développement durable : de la communication à l'action. Edition L'Harmattan. Décembre 2006. 170 pages. ISBN : 2-296-01532-8

Nicolas Mottis, Thierry Philipponnat. Pourquoi l'investissement socialement responsable devient une affaire sérieuse. Le journal de l'école de Paris du management 2020/5 (N° 145), pages 30 à 36. Disponible à l'adresse https://www.cairn.info/revue-le-journal-de-l-ecole-de-paris-dumanagement-2020-5-page-30.html

Thomas M. Jones, Andrew C. Wicks. Convergent Stakeholder Theory, Academy of Management Review, vol. 24, n°2, p. 206-221. 1999.

Vasco Brummer. Community energy – benefits and barriers: A comparative literature review of Community Energy in the UK, Germany and the USA, the benefits it provides for society and the barriers it faces. Renewable and Sustainable Energy Reviews, 2018, vol. 94, issue C, 187-196. Disponible àl'adresse https://econpapers.repec.org/article/eeerensus/v_3a94_3ay_3a2018_3ai_3ac_3ap_3a187-196.htm

Visser, W. (2017). Notre avenir à tous (« Le rapport Brundtland »)
Commission mondiale sur l'environnement et le développement (1987).
In Les 50 meilleurs livres sur le développement durable

Publications scientifiques et Périodiques

Anaïs Voy-Gillis. La politique industrielle chinoise est-elle compatible
avec ses ambitions environnementales. Groupe d'études géopolitiques.
Disponible à l'adresse https://www.lesechos.fr/monde/enjeux-
internationaux/climat-cinq-ans-apres-la-chine-redonne-dusouffle-a-
laccord-de-paris-1272778

Marilyn Waite. Investing in China's sustainable finance boom. Avril
2022. Magazine GreenBiz. Disponible à l'adresse
https://www.greenbiz.com/article/investing-chinas-sustainable-
financeboom

Quantalys Harvest Group. Observatoire de la gestion ISR 2023. Février
2024. Disponible à l'adresse
https://www.quantalys.com/upload/articles/files/CPQuantalys_Robeco_O
bservatoire_ISR_2023.pdf

Usbek&Rica. D'après Goldman Sachs, les IA menacent 300 millions
d'emplois à travers le monde. 30 mars 2023. Disponible à l'adresse
https://usbeketrica.com/fr/article/selon-cette-etudeles-ia-vont-menacer-
300-millions-d-emplois-a-travers-le-monde

VINCENT SHAW. La capacité d'énergie renouvelable dépasse 1,4 TW
en Chine. PV Magazine International. Décembre 2023. Disponible à
l'adresse https://www.pv-magazine.fr/2023/12/07/lacapacite-denergie-
renouvelable-depasse-14-tw-en-chine/

Articles de Journaux

ADEME. Les Français aspirent à changer de modèle de société mais sont pris dans des injonctions contradictoires. Janvier 2023. Disponible à l'adresse https://infos.ademe.fr/lettre-strategie/lesfrancais-aspirent-a-changer-de-modele-de-societemais-sont-pris-dans-des-injonctionscontradictoires/

AGORA FINANCE. L'Investissement Socialement Responsable (ISR) en 2024. Janvier 2024. Disponible à l'adresse https://agorafinance.fr/isr-investissement-socialement-responsable/

AMF France. Le reporting de durabilité CSRD : se préparer aux nouvelles obligations. Février 2024. Disponible à l'adresse https://www.amf-france.org/fr/actualites-publications/dossiersthematiques/le-reporting-de-durabilitecsrd0#:~:text=La%20directive%20CSRD%20requiert%20que,O TI)%2C%20selon%20les%20Etats.

AMF. Finance durable et gestion collective : l'AMF publie une première doctrine en matière d'information des investisseurs. Mars 2020. Disponible à l'adresse https://www.amffrance.org/sites/institutionnel/files/pdf/62234/fr/Finance_durable_et_gestion_collective__l%27AMF_publie_une_premiere_doctrin e_en_matiere_%27information_des_investisseurs_.pdf1674422320

Associations des banquiers Canadiens. Fiche info - Faits saillants du système bancaire canadien. Publié en mars 2024. Disponible à l'adresse https://cba.ca/fast-facts-the-canadian-bankingsystem?l=fr#:~:text=Nombre%20de%20succursales%20bancaires%20%C3%A0,Canada%20en%202022%20%3A%2018%20689.

BNP Paribas. BNP Paribas mise sur la croissance en Allemagne. Novembre 2018. Disponible à l'adresse https://group.bnpparibas/actualite/bnp-paribas-mise-croissance-allemagne

Carbon Credits. Février 2024. https://carboncredits.com/hsbc-and-google-to-deploy-1b-in-climatetech-financing/

Conseil économique et social. Commission de la science et de la technique au service du développement. Vingt-cinquième session Genève, 28 mars-1 er avril 2022. Rapport du Secrétaire général. Disponible à

l'adresse
https://unctad.org/system/files/officialdocument/ecn162022d2_fr.pdf

Deutsche Bank. Deutsche Bank publie des objectifs de réduction de l'empreinte carbone. Octobre 2022. Disponible à l'adresse https://esgnews.com/fr/la-deutsche-bank-publie-des-objectifs-der%C3%A9duction-de-son-empreinte-carbone/.

Finance For Tomorrow. Le risque climatique en finance : Concepts, Méthodes, Outils d'analyse. Septembre 2019. Disponible à l'adresse https://institutdelafinancedurable.com/app/uploads/2019/09/Finance-for-Tomorrow-Le-risqueclimatique-en-Finance.pdf

France Travail. Le développement durable, un secteur d'avenir. Disponible à l'adresse https://www.francetravail.fr/actualites/le-dossier/environnement/developpement-durable-1/ledeveloppement-durable-un-sect.html

Freeman R.Edward. Strategic Management : A Stakeholder Approach. 1984. Massachusetts, Pitman Publishing Inc.

https://www.lefigaro.fr/actualite-france/quatre-morts-des-villages-inaccessibles-et-des-foyersprives-d-electricite-le-dernier-bilan-des-inondations-dans-les-alpes-maritimes-20201006

Ian Bickis. Les grandes banques canadiennes accusées de pratiques trompeuses. La Presse canadienne à Toronto. 9 janvier 2024. Disponible à l'adresse https://www.ledevoir.com/economie/805034/grandes-banques-canadiennes-accusees-pratiquestrompeuses

JP Morgan Asset Management. Comprendre le règlement SFDR. Septembre 2023. Disponible à l'adresse https://am.jpmorgan.com/fr/fr/asset-management/adv/investmentthemes/esg/understanding-SFDR/

La Banque Postale. La finance à impact en BD. Décembre 2023. Disponible à l'adresse https://www.labanquepostale.fr/particulier/solutions-citoyennes/list-actus/finance-impact.html

Label ISR. Les Fonds Labellisés. Disponible à l'adresse
https://www.lelabelisr.fr/commentinvestir/fonds-labellises/

LES ÉCHOS. La croissance des ventes de voitures électriques va faire
diminuer la demande mondiale de pétrole. 26 avril 2023. Disponible à
l'adresse https://www.lesechos.fr/industrieservices/automobile/la-
croissance-des-ventes-de-voitures-electriques-va-faire-diminuer-
lademande-mondiale-de-
petrole1938232#:~:text=%C2%AB%20Cett%20croissance%20explosive
%20signifie%20que,agence%20internationale%2C%20bas%C3%A9e%2
0%C3%A0%20Paris.

Les Échos. Moody's devient l'actionnaire majoritaire de Vigeo Eiris
https://www.lesechos.fr/finance-marches/marches-financiers/moodys-
devient-lactionnairemajoritaire-de-vigeo-eiris-
1009691#:~:text=Le%20sp%C3%A9cialiste%20am%C3%A9ricain%20d
es%20notes,moyens%20n%C3%A9cessaires%20%C3%A0%20sa%20sur
vie.

Melchior. La finance durable. Le cas HSBC. Disponible à l'adresse
https://www.melchior.fr/etudede-cas/la-finance-durable-le-cas-hsbc

Michiel Willems. Exclusive: Leaner and greener banking needed in race
to net zero. Avril 2023. https://www.netzeroinvestor.net/news-and-
views/exclusive-leaner-and-greener-banking-neededin-the-race-to-net-
zero

ONU. Principes pour l'investissement Responsable.
https://www.unpri.org/download?ac=10965

Statista Research Department, https://www.statista.com/

UMR Retraite. L'Épargne verte en France. Disponible à l'adresse
https://umr-retraite.fr/preparersa-retraite/lactualite-de-la-retraite/lepargne-
verte-en-france.html

United Nations Environment Programme Finance Initiative. Principes
pour Investissement Responsable. Disponible à l'adresse
https://www.flexaminvest.com/wpcontent/uploads/2021/09/PRI.pdf

WMO. Communiqué de Presse. 12 janvier 2023. C'est officiel, les huit dernières années sont bien les plus chaudes jamais enregistrées dans le monde. Disponible à l'adresse https://wmo.int/fr/news/media-centre/cest-officiel-les-huit-dernieres-annees-sont-bien-les-pluschaudes-jamais-enregistrees-dans-le-monde

Bartenstein, K. (2005). Les origines du concept de développement durable—Persée. https://www.persee.fr/doc/rjenv_0397-0299_2005_num_30_3_4442

Barut, M. L. (2015). L'impact du nouveau paradigme réglementaire sur le rôle des banques dans le financement de l'économie. FINANCEMENT DE L'éCONOMIE, 95.

Creten, A., & Stokkink, D. (2018). La finance verte en Europe. Pour La Solidarité-European think & do tank. Retrieved from https://www ….
https://www.transitioneurope.eu/sites/default/files/publications/files/na-2018-finance-verte-europe_0.pdf

Delzangles, B. (2019). Les objectifs de développement durable des Nations unies : Une approche renouvelée des droits humains Communications, 104(1), 119-130
https://doi.org/10.3917/commu.104.0119

Faniel, P., & Swaen, V. En cette période de crise Covid-19, quelles opportunités offre la finance durable

FINANCE DURABLE : QUELS DÉFIS FACE À L'ENGOUEMENT COLLECTIF

GRANDIN, P. (2011). La finance durable : Une nouvelle finance pour le XXIe siècle (No Title). https://cir.nii.ac.jp/crid/1130282273073306240

1- Sites Internet

www.ebrd.com/fr/

Banque européenne pour le développement et la reconstruction

www.iadb.org/

Banque interaméricaine de développement

www.banquemondiale.org/

Le groupe de la banque mondiale

www.ife.org.french

Societé financière internationale

www.bankofamerica.com/

Bank of America

http://www.bbva.com/TLBB/tlbb/jsp/ing/home/index.jspBBVA-corporate

BBVA Banco Bilbao Vizcaya Argentaria

www.adels.org

Association pour la démocratie et l'éducation locale et sociale Développe le volet « Démocratie participative » du développement durable

www.agir21.org

Agir21

Réseau de professionnels et d'associations oeuvrant dans le but de donner à chacun des moyens pour devenir acteur d'une société plus équitable et respectueuse de l'environnement. Leur spécialité se situe au niveau des indicateurs du développement durable tels que l'empreinte écologique et le bilan carbone www.anneeplaneteterre.com

Année internationale de la Planète Terre
Géosciences au service de l'humanité – Comité national français

www.association4d.org

Association 4D

Dossiers et Débats pour le Développement Durable
C'est en 1993, après le « Sommet de la terre » de Rio, que l'association 4D a été créée afin de constituer un réseau citoyen pour la promotion du développement durable et des engagements pris par la France comme par les autres Etats membres de l'ONU

www.crisla.org/crdd/index.htm

CRDD

Centre de Ressources pour le Développement Durable
Le CRDD fait vivre à Lorient et dans son agglomération un lieu ouvert de sensibilisation, de formation et d'information sur le développement durable. Pour faire face aux défis de l'avenir et donner du sens aux choix locaux

Développement durable le journal
www.developpementdurablelejournal.fr
www.un.org/esa/sustdev/index.html

Division for Sustainable Development
Programmes et actions de l'ONU en vue de promouvoir le développement durable et atteindre les objectifs du millénaire. (en anglais). Seule la dimension Environnement est développée.

www.eduquer-au-developpement-durable.com

Éduquer au développement durable

Espace destiné aux enseignants et aux intervenants en milieu scolaire

www.iddri.org

Iddri

Institut du Développement Durable et des Relations Internationales. Les thèmes prioritaires sont le changement climatique, la biodiversité, l'agriculture, la forêt, ainsi que des thématiques transversales, comme l'architecture institutionnelle internationale, le financement du développement durable, la responsabilité environnementale et sociale, l'incertitude et la précaution

2- Sites d'ONG

http://www.amisdelaterre.org/

Les amis de la terre

http://www.banktrack.org/

Réseau track

http://www.bankwatch.org/

Réseau BankWatch